TRUCS
ET
SECRETS
DE PÊCHE

Daniel Cousineau · Alain Demers

TRUCS ET SECRETS DE PÊCHE

Illustrations de Ghislain Caron

LIBRE EXPRESSION

Sur la couverture: Daniel Cousineau

Maquette de la couverture:
France Lafond

© Éditions Libre Expression, 1983
Dépôt légal:
2e trimestre 1983

ISBN 2-89111-149-4

à Jeannot Ruel,
dont l'amour du métier et la compétence
sont de constantes sources d'inspiration,

à Jean Pagé,
pour nous avoir inculqué la passion de la
pêche sportive,

et à André-Y. Croteau,
pour nous avoir permis de débuter
dans le métier.

Préface

Les ouvrages québécois sur la pêche ne sont pas légion et les premiers écrits dans ce domaine furent l'oeuvre de «vieux» pêcheurs qui voulaient transmettre aux amateurs l'essentiel de leur expérience. Les deux auteurs de cet ouvrage ne sont pas vieux en âge, mais la somme de leur expérience et de leurs recherches représente un savoir peu commun.

Ils ont su utiliser leur bonne connaissance des poissons, de l'équipement et des diverses techniques de pêche pour concevoir cet ouvrage qui intéressera l'amateur, mais aussi le vétéran.

TRUCS ET SECRETS DE PÊCHE n'est pas seulement une suite de conseils, c'est aussi un livre de références pratique dans lequel le pêcheur trouvera réponse à la plupart de ses questions. Le texte est de plus agréablement et abondamment illustré, ce qui lui confère une valeur rare dans le domaine spécialisé de la pêche.

TRUCS ET SECRETS DE PÊCHE est donc, à mon avis, un instrument précieux, un livre assuré de devenir la source de renseignements préférée d'un grand nombre de disciples de saint Pierre.

Jeannot Ruel

Introduction

C'est bien connu, rares sont les pêcheurs qui se résignent à dévoiler un de leurs trucs ou secrets. Par vocation, ou par métier, nous avons décidé d'adopter un autre comportement, car si vous lisez ces lignes, n'est-ce pas parce que vous êtes un bon sportif. Alors, entre vous et nous, pourquoi pas? Aussi, avons-nous pensé vous offrir ce recueil de trucs et de secrets de pêche car il n'existe rien du genre au Québec. Nous avons touché aux aspects les plus susceptibles selon nous d'intéresser les pêcheurs: identification et comportement des poissons, techniques de pêche et équipement. Résultat: **TRUCS ET SECRETS DE PÊCHE**, un guide pratique qui améliorera vos connaissances sur les poissons... et la fréquence de vos prises. Les textes sont courts et agrémentés d'illustrations pour en faciliter la compréhension.

Nous ne doutons pas que vous trouverez réponse à plusieurs de vos questions à l'intérieur de ces pages. Nous avons conçu ce livre pour en faire non seulement une source de références utile mais aussi un outil indispensable avec lequel vous pourrez travailler facilement.

Nous espérons donc que **TRUCS ET SECRETS DE PÊCHE** saura plaire au pêcheur soucieux d'améliorer ses connaissances et ses performances.

Quelques secrets sur les poissons

Truite rouge
ou truite mouchetée?

Ce que l'on appelle truite rouge au Québec est souvent de la truite mouchetée dont la coloration de rouge est vive. La truite rouge ou omble chevalier est pourtant une espèce distincte.

Chez l'omble de fontaine ou truite mouchetée, la nageoire caudale est plutôt carrée ou très légèrement échancrée vers l'intérieur, d'où le nom anglais de «squaretail». Pour la truite rouge du Québec, c'est une caudale franchement fourchue, rappelant celle de la ouananiche; c'est là une caractéristique des poissons de grande nage.

Enfin, la mouchetée est un chasseur d'affût et a une forme plutôt ramassée et rondelette. La truite rouge du Québec est un poisson de grande nage et de grand fond et elle affiche une forme plus tubulaire et élancée.

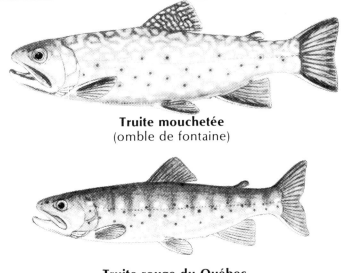

Truite mouchetée
(omble de fontaine)

Truite rouge du Québec
(omble chevalier)

13

Truite mouchetée ou truite grise?

La truite mouchetée et la truite grise cohabitent souvent dans un même lac. Le poids moyen de la première est plus léger, son poids maximum étant de 15 livres (6,4 kg) comparativement à la deuxième pouvant atteindre plus de 60 livres (27,2 kg). De même taille et de livrée semblable, elles peuvent poser pour certains des problèmes d'identification. La mouchetée a toujours des petits points rouges dans sa robe, lesquels sont absents chez la grise. De plus, la mouchetée est dotée d'une queue plus ou moins carrée en tant que prédateur à l'affût, alors que la grise a la queue fourchue, caractéristique des poissons de grande nage.

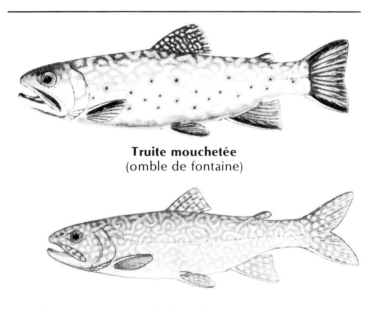

Truite mouchetée
(omble de fontaine)

Truite grise
(truite de lac / omble gris ou touladi)

La truite moulac, un heureux croisement

Dans certains lacs du Québec, on retrouve ce poisson méconnu qu'est la truite moulac. Comme son nom l'indique, il s'agit d'un croisement entre la truite mouchetée (mâle) et la truite de lac ou grise (femelle). On jurerait à la voir du premier coup d'oeil, que les biologistes qui ont créé l'espèce ont pris un corps de grise pour lui coller des nageoires de truite mouchetée! Incidemment, la moulac ou «wendigo» a hérité de la grise sa robe, et de la mouchetée ses nageoires. Ajoutons à cela que cet hybride est fertile, ce qui est rare. Fait curieux, son rythme de croissance est plus élevé que l'un ou l'autre de ses parents.

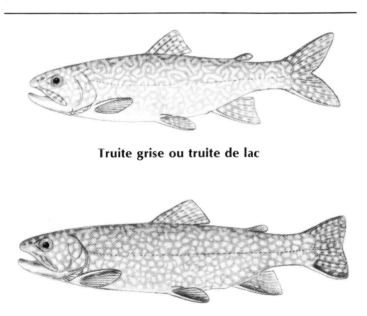

Truite grise ou truite de lac

Truite moulac

Deux truites exotiques

Depuis quelques années, l'aire de distribution de la truite arc-en-ciel et de la truite brune s'est étendue passablement par le biais d'ensemencements massifs. Quoiqu'il ne s'agisse pas de poissons indigènes (l'arc-en-ciel venant de la côte ouest du Canada alors que la brune nous fut importée d'Europe), ils demeurent de plus en plus intéressants pour le pêcheur sportif.

Voici comment les différencier. La truite arc-en-ciel est dotée d'une bande latérale rose à violet argenté, et elle est parsemée de petits points noirs jusqu'à la queue. La robe de la truite brune possède un fond de brun comme son nom l'indique, marquée de gros points noirs et de points rouges cerclés d'une ligne pâle. Sa queue est rarement tachetée de points.

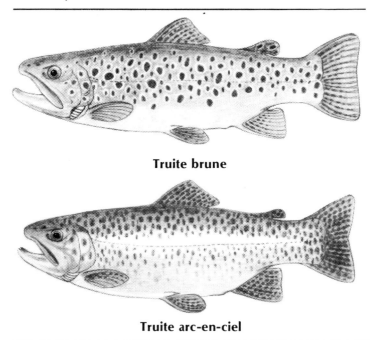

Truite brune

Truite arc-en-ciel

Doré noir ou doré jaune?

Espèce beaucoup moins répandue et connue que le doré jaune, le doré noir se reconnaît aux caractéristiques suivantes: la grandeur de l'oeil beaucoup moins considérable que celle du doré jaune; l'absence de tache noire sur l'arrière de la première nageoire dorsale, remplacée par une série de ronds noirs bordés de jaune et remontant le long des épines; une robe beaucoup plus sombre, généralement noire, brune et or terne; la présence de trois taches noires d'assez grande importance sur les flancs aisément visibles à l'oeil; la tache blanche de la caudale, plutôt en triangle chez le doré jaune, semble devenir fer de lance pour cousin noir.

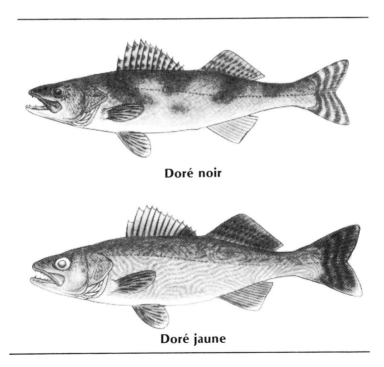

Doré noir

Doré jaune

Saumon ou ouananiche?

Peu de gens le savent, mais la ouananiche et le saumon atlantique sont le même poisson (*Salmo salar*), sauf que l'un vit dans les eaux intérieures et l'autre est anadrome, c'est-à-dire qu'il vit en mer et monte en eau douce pour frayer. En d'autres termes, la ouananiche est un saumon qui est «landlocké», ou si vous voulez, emprisonné dans les eaux intérieures. Toutefois, cette affirmation demeure controversée. La robe de la ouananiche est généralement plus foncée et sa caudale légèrement plus échancrée. Le saumon atlantique en provenance de la mer affiche une livrée très argentée. La mâchoire inférieure des mâles allonge et se recourbe pour former un crochet ou «kipe» menaçant, au temps du frai.

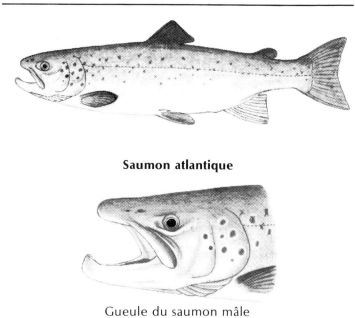

Saumon atlantique

Gueule du saumon mâle
au temps du frai

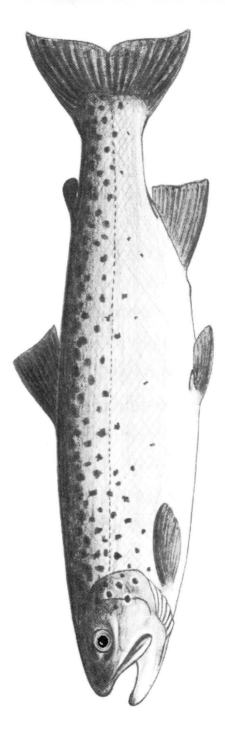

Ouananiche

Brochet ou maskinongé?

Pour plusieurs pêcheurs, la distinction entre un maskinongé et un brochet peut être un problème. Voici trois modes d'identification fort simples. La robe du grand brochet ressemble un peu à celle d'un léopard, mais à l'inverse, soit avec des taches plus ou moins ovales et pâles sur un fond foncé. La robe du maskinongé s'apparente plutôt à celle d'un tigre, soit avec des rayures foncées sur fond pâle. Le brochet du Nord a presque toujours 10 pores sous-mandibulaires. Le maskinongé, selon son origine, en a de 12 à 18. Un autre point: les joues du brochet sont recouvertes d'écailles tandis que celles du maskinongé le sont seulement à moitié.

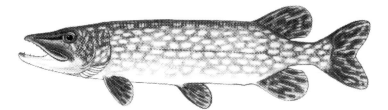

Grand brochet

Maskinongé
Pores sous-mandibulaires

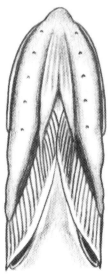
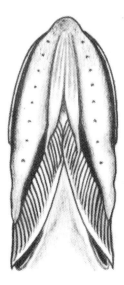

Grand brochet   **Maskinongé**

21

Deux petits brochets

Voici deux espèces de brochets de «format réduit» que l'on retrouve dans le sud du Québec: le maillé et le vermiculé. Le brochet maillé est un poids léger tandis que l'autre est un poids-plume. Le record mondial des deux espèces se chiffrerait respectivement à 9 lb 6 oz (4,1 kg) et... 14 onces (396 gr)!

Le maillé est doté d'opercules recouverts à 100% d'écailles. Les motifs de sa robe rappellent les maillons d'une chaîne, lesquels sont foncés sur un fond or, d'où vient son nom français «maillé» et anglais «chain pickerel».

Le brochet vermiculé se retrouve sensiblement dans le même habitat, soit dans des herbiers denses, mais ses opercules ne sont couverts d'écailles qu'à 50%. Son oeil est situé plus haut sur sa tête et sa robe est beaucoup plus terne.

Ils se distinguent facilement d'un grand brochet ou d'un «musky» de même taille par le fait qu'ils possèdent moins de 10 pores sous-mandibulaires. On retrouve le maillé dans les Cantons de l'Est et au sud du Saint-Laurent, y compris la baie Missisquoi. Le vermiculé semble cantonné dans le Saint-Laurent et ses tributaires.

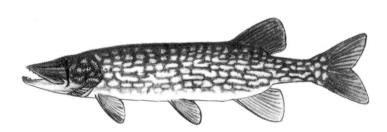

Brochet maillé

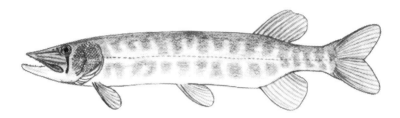

Brochet vermiculé

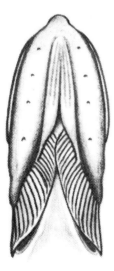

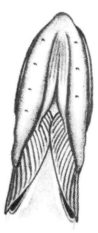

Brochet maillé   **Brochet vermiculé**

23

Achigan à grande bouche
ou à petite bouche?

Au Québec, on retrouve deux espèces d'achigans. La plus répandue est l'achigan à petite bouche, nommée ainsi parce que la lèvre supérieure ne dépasse pas l'oeil, contrairement à son cousin à grande bouche. De plus, la première espèce a des rayures plus ou moins prononcées dans le sens de la verticale, tandis que la deuxième est souvent dotée d'une ligne latérale noire. Cette ligne peut par contre être absente chez un adulte.

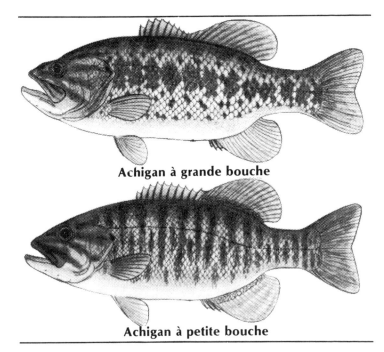

Achigan à grande bouche

Achigan à petite bouche

Connaissez-vous nos crapets?

Les crapets sont des poissons particulièrement sympathiques. Il est dommage que plusieurs les rejettent car, en filets, ils sont tout simplement délicieux. Voici donc trois de ces représentants de la famille des centrarchidés dans laquelle se trouvent aussi les achigans.

Le crapet de roche se caractérise pour sa part par des grands yeux rouges proéminents, une tête arrondie et par une robe variant du gris foncé au vert pâle.

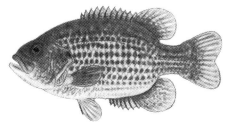

Crapet de roche

Le crapet-soleil est peut-être le poisson doté de la plus belle gamme de couleurs. Du jaune vif au bleu pâle en passant par le vert, sa robe est superbe. Son coloris et sa forme caractéristique aux crapets révèlent immédiatement son identité.

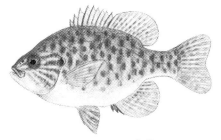

Crapet-soleil

La marigane noire ou crapet calicot se distingue par une petite tête légèrement effilée par rapport aux autres et sa robe noire parsemée d'or.

25

Un poisson en or

La marigane noire est un poisson dont la taille varie de 6 à 15 pouces (15 à 38 cm) pour un poids d'un quart de livre à trois livres (0,1 à 1,4 kg). Ce poisson du sud du Québec fréquente les hauts-fonds pierreux agrémentés d'herbiers espacés les uns des autres mais qui sont denses par eux-mêmes. De nature grégaire, il se déplace en bancs parfois assez considérables.

La marigane adore les petits poissons de deux à trois pouces de longueur. Il s'agit de prendre un hameçon N° 10, d'y accrocher le vairon par les lèvres et d'ajouter un petit plomb à fente caoutchoutée à 18 pouces (46 cm) en avant de l'appât pour lancer. Les lancers les plus près des herbiers sont habituellement les plus productifs. Les crevettes d'eau douce et les vers donnent aussi d'excellents résultats.

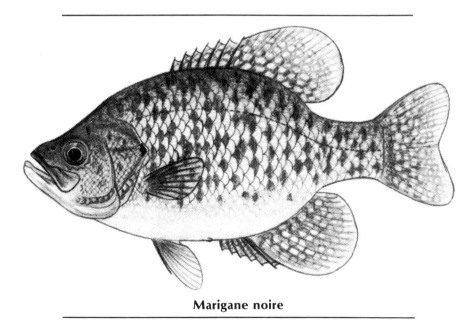

Marigane noire

Poissons-fourrage

Sur les grands plans d'eau, certaines espèces de poissons prolifiques se rassemblent en banc et servent de pâture aux prédateurs. Ce type de poissons est appelé poisson-fourrage. C'est le cas d'un salmonidé, le corégone et l'éperlan, servant généralement de poisson-fourrage aux salmonidés recherchés par les pêcheurs sportifs. Dans les grands lacs de la région métropolitaine, on retrouve aussi le gaspareau, lequel est très abondant dans le lac Saint-Louis.

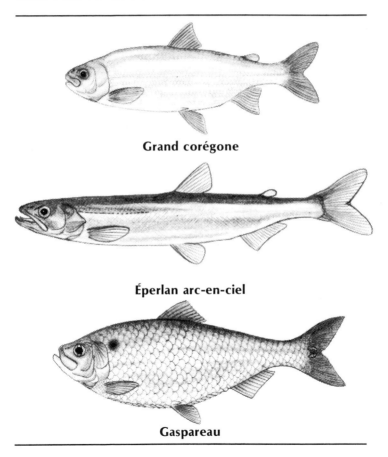

Grand corégone

Éperlan arc-en-ciel

Gaspareau

Nos ménés

Au Québec, la plupart des poissons-appâts sont appelés «ménés». Les véritables ménés sont en réalité des cyprins et on en dénombre 26 espèces. Aussi appelés blanchaille, ils servent de pâture aux prédateurs. La plupart restent de petite taille sauf la carpe qui peut peser plus de 70 livres (31 kilos). Les descriptions qui suivent devraient vous permettre de vous familiariser avec les 11 espèces les plus répandues.

Méné émeraude de rivière

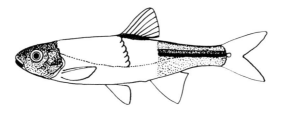

caractères principaux:
menton noir
6 écailles de la dorsale à la ligne latérale
insertion de la dorsale: grise ou noire de bout en bout
8 rayons à la dorsale
bande latérale foncée surmontée d'une bande grise ou bleuâtre

Ventre-pourri

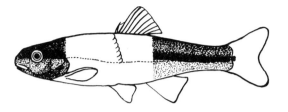

caractères principaux:
petite tache noire sur le menton, barbillon au coin
de la bouche
6 ou 7 écailles de la dorsale à la ligne latérale
1 rayon seul et 7 à 9 rayons mous à la dorsale
bande latérale foncée allant jusqu'au museau

Goujon à long nez

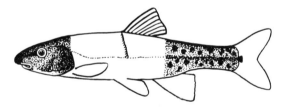

caractères principaux:
museau exagérément long, barbillon au coin de la
bouche
lèvre supérieure épaisse rappelant celle d'un catostome
12 écailles de la dorsale à la ligne latérale
8 rayons à la dorsale
taches foncées plus distinctes que la bande latérale
foncée

Chatte de l'Est

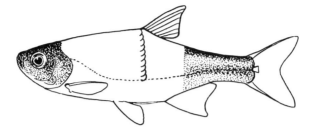

caractères principaux:
menton gris
bouche retroussée
ligne latérale qui descend au-dessous du tiers infé-
rieur de la hauteur du corps
9 à 10 écailles de la dorsale à la ligne latérale
8 rayons à la dorsale

Bec-de-lièvre

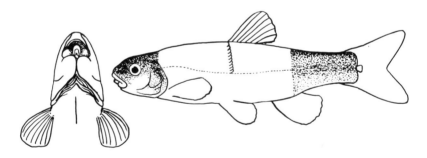

caractères principaux:
mâchoire inférieure fendue en «bec-de-lièvre»,
9 à 10 écailles de la dorsale à la ligne latérale
8 rayons à la dorsale

Goujon à ventre rouge du Nord

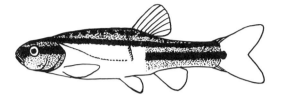

caractères principaux:
menton noir
17 à 20 écailles de la dorsale à la ligne latérale
8 rayons à la dorsale
3 bandes latérales foncées, la supérieure en série de taches
bande latérale inférieure se rendant au museau

Ouitouche

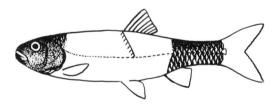

caractères principaux:
menton noir, barbillon au coin de la bouche
7 écailles de la dorsale à la ligne latérale
8 rayons à la dorsale
insertion des écailles: foncée

Méné argenté de l'Est

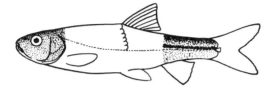

caractères principaux:
menton blanc
5 ou 6 écailles de la dorsale à la ligne latérale
8 rayons à la dorsale
bande latérale foncée surtout chez les jeunes

Méné de lac du Nord

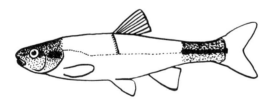

caractères principaux:
menton noir
8 rayons à la dorsale
10 à 12 écailles de la dorsale à la ligne latérale
bande latérale foncée, peu voyante chez les gros adultes
tache caudale noire ou grise

Mulet à cornes (Mulet du Nord)

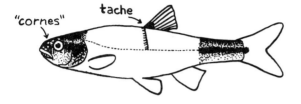

caractères principaux:
menton gris, ou blanc chez les gros
9 à 12 écailles de la dorsale à la ligne latérale
tache noire à la base de la dorsale
8 rayons à la dorsale
bande latérale foncée
le mâle a plusieurs «cornes» sur le museau au temps
du frai

Carpe allemande

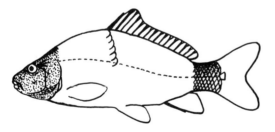

caractères principaux:
lèvres épaisses
1 long et 1 court barbillon de chaque côté de la
lèvre supérieure
5 ou 6 écailles de la dorsale à la ligne latérale
1 épine au début de la dorsale et de l'anale
16 à 22 rayons à la dorsale
corps massif

Les nains de nos eaux

Certaines espèces de petits poissons sont souvent, mais à tort, appelées ménés à cause de leur taille réduite. C'est le cas du fondule barré et de l'umbre de vase qui sont fréquemment récoltés avec les cyprins dans la végétation. Par contre, si le prélèvement se fait en eau plus vive, il se peut qu'on y retrouve aussi des chabots.

Dépendant du type de fond auquel vous avez affaire, il peut aussi y avoir des dards qui sont de la famille des percidés comme la perchaude. On en compte six espèces dont le raseux de terre qui est le plus connu.

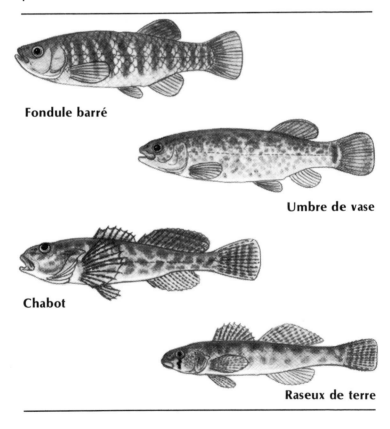

Fondule barré

Umbre de vase

Chabot

Raseux de terre

Un poisson qui «prend l'air»

Le poisson-castor, d'allure préhistorique, affiche généralement une robe aux teintes allant du brun à l'olive foncé et fréquente les eaux basses avec beaucoup de végétation. Vivant dans le même milieu, c'est le plus grand prédateur de l'achigan à grande bouche. Sa nourriture est surtout constituée de petits poissons et aussi d'écrevisses et de grenouilles. Son véritable nom est l'amie. Sa capacité d'avaler de l'air à la surface et de supporter des températures élevées lui permet de vivre dans des eaux stagnantes, là où d'autres grands prédateurs ne peuvent survivre.

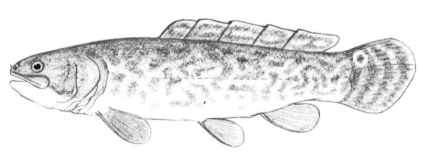

Amie (poisson-castor)

Les «poissons armés»

Le lépisosté est un poisson primitif que l'on retrouve dans les eaux du sud du Québec. Plutôt connu sous le nom de «poisson armé», sa longue gueule effilée et garnie de dents acérées donne l'impression d'une scie. Il y a le lépisosté osseux et le tacheté. Ce dernier est très rare. Il est habillé d'une robe à coloration plus foncée que le premier et ses mâchoires sont plus larges, rappelant celles d'un crocodile. S'il vous arrive d'en capturer un, contactez le bureau régional du service de la Faune (ministère du Loisir de la Chasse et de la Pêche) le plus près de chez vous.

Dans le sud des États-Unis, certains géants de cette famille, soit le lépisosté alligator, peuvent atteindre jusqu'à 300 livres (136 kg) et mesurer 10 pieds (3 m) de long!

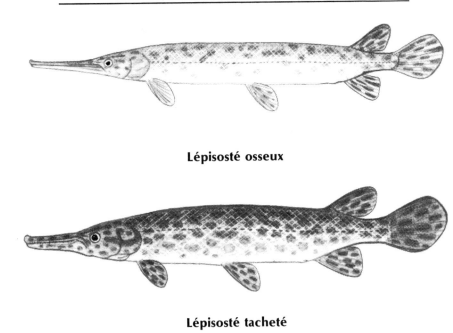

Lépisosté osseux

Lépisosté tacheté

La lamproie, malédiction des autres poissons

Il vous est peut-être déjà arrivé de capturer un poisson ayant une espèce de «bibitte» allongée, collée sur son corps. Il s'agissait probablement d'une lamproie. Sa forme s'apparente à celle d'une anguille. Cette dernière est dotée de deux grandes nageoires allant à peu près du milieu du corps jusqu'au bout de la queue. La lamproie possède aussi deux longues nageoires s'étendant jusqu'au bout de la queue, mais leur profil est irrégulier. À remarquer que la lamproie possède une gueule agissant comme un disque suceur. La lamproie fut en grande partie responsable de la dissémination des populations de truite grise au lac Ontario.

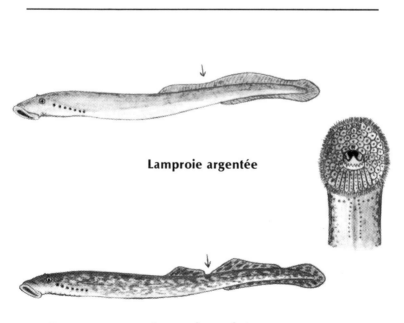

Lamproie argentée

Lamproie marine

La famille des morues

La morue, cet habitant de l'océan, est un poisson bien connu à cause de ses filets servis dans de nombreux restaurants et peut-être aussi à cause du mauvais souvenir de l'huile de son foie qu'on nous obligeait à prendre tout jeunes en hiver...

Le poulamon ou poisson des chenaux est aussi un poisson d'eau salée mais qui fait des migrations en eau douce pour frayer. Il donne lieu à une pêche intensive à Sainte-Anne-de-La-Pérade en hiver où plus de 1 000 cabanes se retrouvent sur la glace.

La lotte (et non pas la loche) est un poisson d'eau douce malheureusement mésestimé pour sa valeur gastronomique dans la plupart des régions du Québec. Toutefois, au lac Saint-Jean, on en fait une pêche systématique en hiver, laquelle est une tradition. Dans la région, on l'apprête de façon délectable.

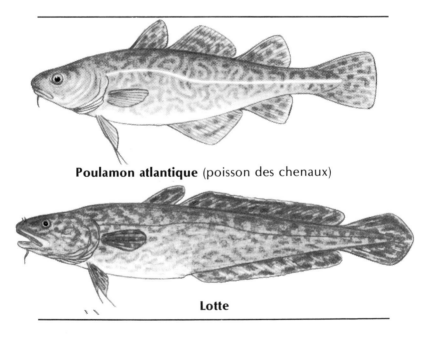

Poulamon atlantique (poisson des chenaux)

Lotte

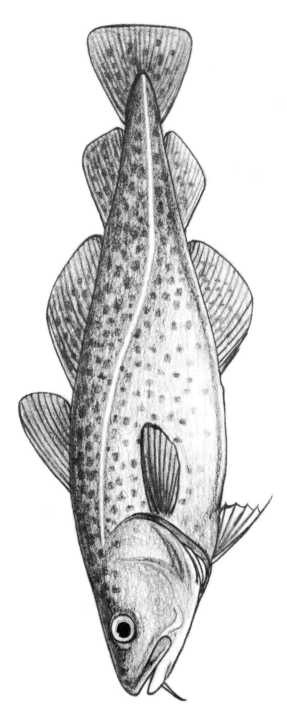

Morue

Barbue ou barbote?

La barbue et la barbote se retrouvent souvent dans les mêmes eaux. Par contre, la barbue atteint souvent le poids de 10 et 20 livres (4,5 kg et 9,1 kg) comparativement à la barbote dont le poids de quatre livres (1,8 kg) semble être le maximum. Toutefois, à grosseur égale, elles se ressemblent étrangement. La nageoire caudale de la barbote est droite et rappelle celle de la truite mouchetée tandis que celle de la barbue est fourchue et rappelle celle de la truite grise.

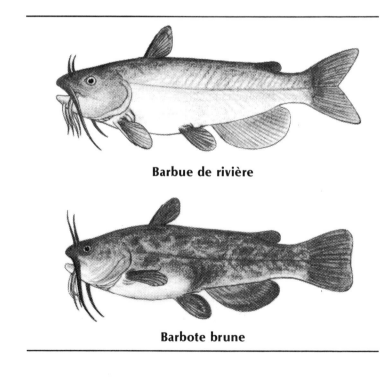

Barbue de rivière

Barbote brune

Carpe et catostome

La carpe est un poisson qui a été introduit dans nos eaux par nos ancêtres. Elle est souvent confondue avec le catostome qu'on retrouve dans la plupart des régions du Québec et que plusieurs nomment «sucker». Celui-ci peut être appelé à tort carpe ronde, carpe blanche, carpe à cochon ou carpe à ailes rouges selon les régions et l'espèce. La carpe est dotée de petits barbillons aux coins de la lèvre supérieure, contrairement au catostome, lequel en est complètement démuni.

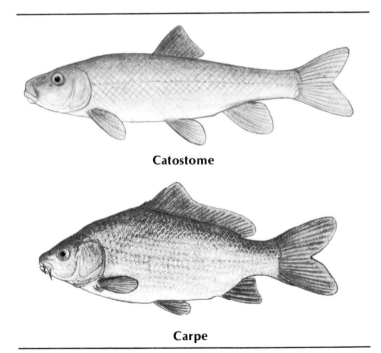

Catostome

Carpe

L'épinoche à cinq épines

Dans les eaux du Québec, il y a des petits poissons qui semblent descendre de l'ère préhistorique avec leur protection épineuse: ce sont les épinoches. Elles vivent généralement en eau basse et sont très territoriales. On en compte sept espèces dont la plus commune est l'épinoche à cinq épines.

Ces petits poissons sont souvent la proie de plusieurs espèces de poissons sportifs. Certains monteurs de mouche astucieux utilisent l'imitation d'une épinoche (en streamer) pour provoquer les truites brunes et arc-en-ciel en rivière le printemps alors que celle-ci est souvent l'un des seuls poissons-fourrage disponible. La même stratégie peut aussi s'appliquer avec succès pour la mouchetée en lac ou en rivière. L'achigan à petite bouche se régale aussi volontiers de l'épinoche.

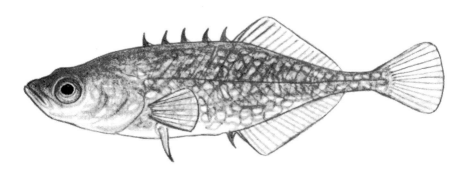

La laquaiche, cette belle d'argent

Ce poisson argenté aux reflets miroitants s'avère très intéressant à pêcher d'autant plus qu'il prend très bien les mouches. Sa pêche en eau courante avec un bas-de-ligne de petit diamètre vous donnera quelquefois plus d'émotions que la pêche à la truite.

Abondante dans le sud du Québec dont en bas des rapides de Chambly sur le Richelieu, les petites mouches sèches classiques (Nos 14 à 20) à partir de la mi-juin imitant les éclosions du moment, sont souvent efficaces. Les mouches de couleur claire donnent habituellement un meilleur rendement, en particulier celles qui ont du jaune.

Les pêches du soir sont particulièrement productives. Elle se prend aussi avec des petits leurres tournants tels les Mepps Nos 0 à 2. Les vers qui dérivent au gré du courant avec un petit plomb fendu peuvent sûrement vous faire capturer quelques spécimens. Les larves de perlides, les criquets et les crevettes d'eau douce, quand elles ne sont pas englouties par un achigan ou une truite, vous assurent aussi des captures avec régularité.

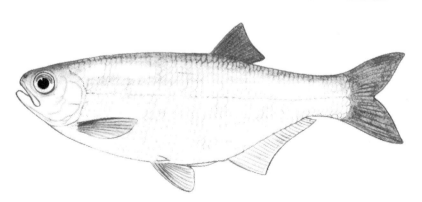

Laquaiche argentée

Le «musicien» de nos eaux

Le malachigan, dont la coloration va de l'argenté au cuivre, fréquente les profondeurs des chenaux. Au Québec, on le retrouve surtout dans le Saint-Laurent et dans le Richelieu, particulièrement en amont de Chambly. Il se nourrit principalement d'écrevisses et de mollusques. Ce poisson d'allure bizarre émet même des bruits de tambour produits dit-on par l'action des muscles attachés à la vessie gazeuse, lesquels sont entendus fréquemment durant l'été! Sa faculté d'émettre des sons lui a d'ailleurs valu son nom anglais «freshwater drum»...

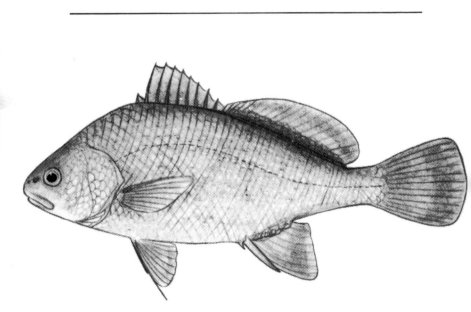

Malachigan

Appâts et exemples d'utilisation

L'éperlan, un super appât pour les salmonidés

Voici une méthode de pêche au coup utile pour les poissons qui ont l'habitude de se nourrir en suspension, telles les truites brunes, arc-en-ciel, grises ainsi que la ouananiche. Attachez une agrafe au bout de votre ligne pour prévenir le vrillage. Fixez-y un bas-de-ligne constitué d'un monobrin de 18 à 36 pouces (45 à 91 cm) de long à l'extrémité duquel est attaché un hameçon à hampe courte. Tout en haut du bas-de-ligne, un plomb à fente caoutchoutée est fixé sur le fil. L'éperlan est piqué derrière la nageoire dorsale et il peut ainsi se mouvoir librement dans un rayon de 2 pieds (0,6 m) environ autour du plomb.

L'idéal est de le capturer sur place au ver avec de très petits hameçons. Sinon, des éperlans congelés (quand la pêche aux poissons-appâts est permise) peuvent vous dépanner. Les plus petits (environ 3 pouces) sont généralement les meilleurs.

Dès les premières morsures, laissez l'appât libre en libérant le frein de votre moulinet. Quand le fil arrêtera de se dévider, ferrez!

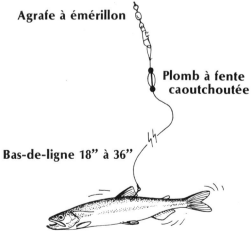

Agrafe à émérillon

Plomb à fente caoutchoutée

Bas-de-ligne 18" à 36"

Le méné «saoul»

Les petits poissons qui ont de la difficulté à maintenir leur équilibre en nageant sont les plus recherchés des prédateurs, ces derniers étant opportunistes de nature. En titubant et en montrant ses flancs, le poisson-appât démontre ainsi sa vulnérabilité et représente une proie facile. Il est possible de donner cet effet à un «méné» avec le montage suivant.

Piquez un méné d'environ 2½ pouces (6 cm) à travers la mâchoire inférieure et faites ressortir la pointe au coin de l'oeil. Pincez un plomb fendu à 18 pouces (46 cm) plus haut sur le monobrin. Ce truc est particulièrement efficace en rivière pour le doré et l'achigan.

Plomb fendu

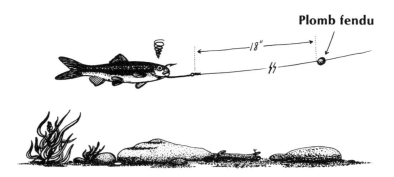

Vif et marcheur-de-fond

Quand on utilise un vif avec un «baitwalker» ou marcheur-de-fond, il est souvent préférable que l'appât se déplace au-dessus des obstacles du fond, histoire de ne pas accrocher et d'être plus visible pour les prédateurs. Une bonne façon d'y arriver est d'enfiler un petit bouchon de liège ou un minuscule flotteur transparent au milieu de l'avançon.

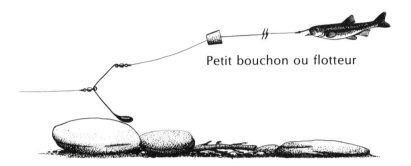

Petit bouchon ou flotteur

Les larves d'insectes, des bouchées de choix pour les poissons sportifs

Dans plusieurs cours d'eau à fond rocailleux, on retrouve les larves de perlide ou «stonefly». C'est certes un repas de choix pour les truites et pour l'achigan à petite bouche qui retourne même les roches avec son museau puissant pour s'en régaler. Il en va de même pour la larve de «helgramite» qui constitue de la vraie dynamite pour la pêche au grand batailleur à petite bouche. La plupart des étangs, ruisseaux, rivières et lacs abritent aussi des larves de libellule. Les poissons sportifs ne lèvent jamais le nez sur une telle bouchée.

La plupart des salmonidés en rivière avalent en grande quantité des larves de phryganes (Caddis), celles-ci ayant souvent l'habitude de se dissimuler dans un fourreau formé de débris végétaux. On retrouve ces types de larves en soulevant les roches ou les souches submergées.

«Helgramite»

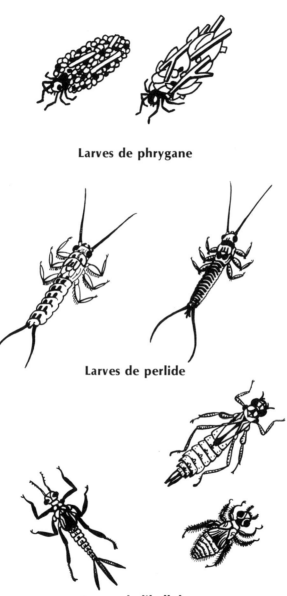

Larves de phrygane

Larves de perlide

Larves de libellule

Les «sauteurs» ailés

En fin d'été, et tout particulièrement au mois d'août, les sauterelles et criquets valent leur pesant d'or pour le pêcheur. Les sauterelles seront beaucoup plus faciles à capturer la nuit alors que pour les criquets, une excursion au champ au cours d'un après-midi donnera sûrement une bonne récolte. Dans le cas de la «sauterelle volante» (criquet de Caroline), un filet à papillon sera d'une grande aide pour sa capture, alors que les autres se saisiront très bien à la main.

Le dernier et non le moindre des «sauteurs» ailés proposés est le grillon; celui-ci est très bien adapté à la pêche au «panfish» et il est facile d'accès à cause de son habitude de se dissimuler sous les souches ou autres débris où règne une forte humidité.

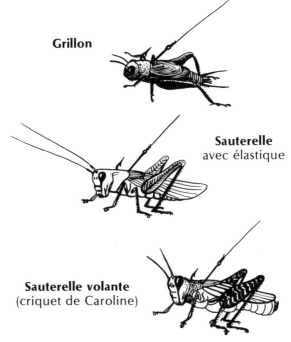

Grillon

Sauterelle
avec élastique

Sauterelle volante
(criquet de Caroline)

Capturez vos vers de nuit

Après de fortes pluies, à la tombée du jour, les vers sortent de leur trou sur le gazon. C'est le moment rêvé pour se faire une provision. Utilisez alors une lampe de poche dont vous recouvrirez la lentille d'un morceau de cellophane rouge pour tamiser la lumière. Autrement, le ver s'enfuit au fond de son trou. Approchez à pas feutrés pour éviter les vibrations sous le sol susceptibles de le faire fuir. Pour le capturer, saisissez-le entre votre pouce et votre index. Pour l'extraire du trou, sortez-le lentement, sinon il cassera. Il est important que vos vers soient en parfait état pour les mettre dans votre litière, sinon ils contamineraient les autres en se décomposant.

Cellophane rouge
retenu par un élastique

Pour bien conserver vos vers

Pour garder vos vers, n'importe quelle boîte carrée en bois ou en plastique peut faire l'affaire, en autant qu'elle ait un couvercle et un espace suffisant pour le nombre de vos pensionnaires.

La litière peut être composée de mousse et de terre, mais certaines litières commerciales donnent des résultats étonnants telle celle de marque Habitat. Dans la mousse ou la terre, vous devez toutefois les nourrir. Vous pouvez utiliser entre autres du maïs granulé, du café ou des granules d'un sachet de thé ayant déjà été infusé. La litière doit être humide et fraîche en tout temps sans être détrempée. Vous pouvez la laisser dans un coin du sous-sol à condition que ce soit frais ou mieux dans un vieux réfrigérateur que vous pourriez n'utiliser que pour vos appâts. La température idéale est d'environ 12°C (55°F).

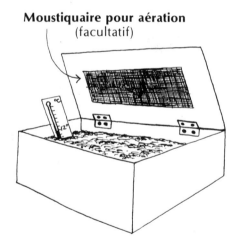

Moustiquaire pour aération
(facultatif)

Le ver «soufflé»

Une excellente façon d'utiliser un ver de nuit est de le piquer par la tête à un petit hameçon (N° 6) et de lui insuffler de l'air dans la queue à l'aide d'une seringue pour le faire tenir en suspension dans l'eau. Ceci a pour effet, non seulement de le rendre plus visible, mais de lui donner une allure plus naturelle au point qu'il semble libre de toute attache.

Cette méthode s'est acquis énormément de popularité aux États-Unis et commence à se faire des adeptes au Québec. Ceux-ci sont souvent plus puristes que des pêcheurs à la mouche et «conditionnent» leurs vers dans des litières pour les rendre plus durs et vigoureux en ce qui concerne l'utilisation précitée. Le principe est aussi basé sur un montage constitué d'un plomb coulissant bloqué par un plomb fendu, ceci pour pouvoir libérer le frein dès la première morsure sans que le poisson ne sente de résistance.

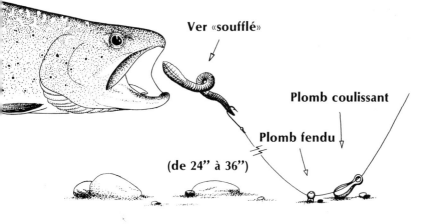

Ver «soufflé»

Plomb coulissant

Plomb fendu

(de 24" à 36")

Le ver rouge

Le ver rouge, que vous retrouvez dans votre jardin, sous les souches humides ou sous les pierres de votre rocaille, est l'appât parfait pour les pêcheurs de mouchetées dans les lacs et pour les amateurs de «panfish». Il faut dire qu'il bouge beaucoup plus que le ver de nuit, bien qu'il résiste généralement moins longtemps. Les poissons qui ont une petite gueule en raffolent. Enfilez-en deux à votre hameçon, cela rendra l'offrande doublement intéressante.

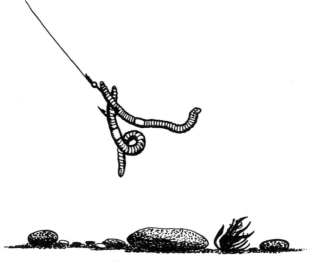

Ver rouge

Le ver de fumier

Les pêcheurs de truites de ruisseau savent très bien que le ver de fumier est un appât «mortel» car il allie l'attrait olfactif au visuel. De par sa petitesse, il est facile à gober pour le poisson et donc très productif dans les petites rivières.

L'achigan à petite bouche semble avoir un penchant très marqué pour lui lorsqu'il est servi en amas dans les fosses ou les battures rocailleuses. Le doré ne dédaigne pas cette offrande non plus. Appâtés en grappe, ils sont irrésistibles.

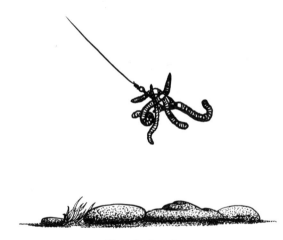

Ver de fumier

Ver et méné

La combinaison de deux appâts vivants tel un ver précédant un méné, peut donner des résultats étonnants, particulièrement quand les présentations classiques sont boudées des poissons. Avec un bas-de-ligne muni de trois hameçons simples montés un derrière l'autre, piquez un ver sur les deux premiers hameçons et un vairon sur l'hameçon de queue par les lèvres.

À la récupération, ce montage donne l'impression d'un méné s'appropriant un beau gros ver. Ceci semble provoquer l'instinct de compétition des prédateurs.

Deux bons appâts:
la sangsue et la limace

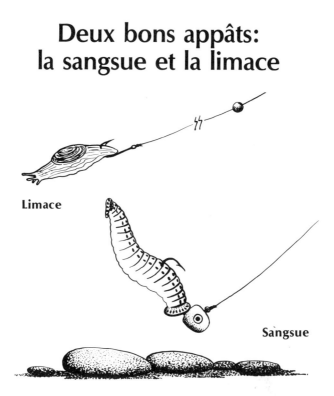

Limace

Sangsue

Par son aspect rébarbatif, la sangsue porte la plupart des pêcheurs au dédain et le fait qu'elle suce le sang en rend plusieurs craintifs. Utilisée avec un jig flottant ou autrement, la sangsue est un appât redoutable, surtout pour l'achigan à petite bouche et le doré jaune dans ses heures de grande bouffe, sans parler des mouchetées. L'un des meilleurs endroits où la trouver est le dessous des roches submergées.

La limace est un bon substitut lorsque les sangsues se font rares. On la retrouve sur terre dans des endroits humides, surtout sous des souches en décomposition.

Ces appâts naturels sont là à portée de la main, il ne s'agit que de les prélever et le plus beau c'est qu'ils ne coûtent rien.

Les grenouilles

Tous les pêcheurs ont un jour ou l'autre utilisé une grenouille comme appât; les adeptes de la pêche au brochet et au maskinongé emploient régulièrement les ouaouarons et les grenouilles vertes.

Pour l'achigan à petite ou à grande bouche, les grenouilles de couleur vive sont généralement supérieures: la grenouille-léopard pour la petite bouche et la grenouille des marais pour la grande bouche.

Les grenouilles des bois que l'on trouve généralement sous les souches et la grenouille septentrionale qui vit habituellement dans les petits sous-bois et tourbières sont pour leur part excellentes pour la mouchetée.

Il y a deux principales façons de les appâter: par la gueule et par une cuisse, selon l'espèce que l'on pêche. La première façon doit être utilisée pour les poissons qui saisissent l'appât par la tête, tel l'achigan, et la deuxième pour les prédateurs attaquant la proie par derrière ou de côté, tels le brochet et le doré. Pour ce dernier, il est toutefois préférable de présenter la grenouille près du fond à l'aide d'un plomb.

Les «framboises» magiques...

Pour les truites brunes d'automne et arc-en-ciel de printemps en rivière, les oeufs de salmonidés constituent un excellent appât. Vous pouvez prendre des oeufs de saumon en pot ou, mieux encore, les oeufs d'une femelle de truite fraîchement capturée. Le truc consiste à faire un petit sac d'oeufs et de l'appâter à un hameçon simple ou triple bien dissimulé.

Vous pouvez fabriquer ce sac avec un morceau de tulle rouge (disponible dans la plupart des magasins de tissus), en le refermant avec plusieurs tours d'un fil de nylon rouge et un bon noeud. La taille du sac ne doit pas dépasser de beaucoup celle d'une pièce de dix cents. Préparez-en plusieurs à l'avance. Une fois montés, ces sacs ressemblent étrangement à des framboises, sauf que leur pouvoir de séduction est magique...

Comme ces sacs doivent être présentés près du fond à la dérive, vous devez plomber votre ligne en ajoutant quelques plombs fendus à environ 18 pouces (46 cm) plus haut. Vous pouvez aussi prendre une tige d'acier empalée dans un petit tube de caoutchouc, entre lesquels le monobrin est coincé. Cette dernière méthode est utilisée avec succès pour le saumon Chinook en Alaska.

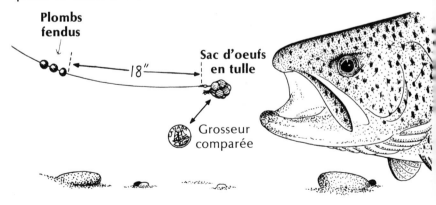

Plombs fendus

18"

Sac d'oeufs en tulle

Grosseur comparée

L'écrevisse,
délice des poissons sportifs

Ce homard miniature est réputé pour sa grande efficacité à la pêche à l'achigan. Mais saviez-vous que la truite et le doré en raffolent? Peut-être devriez-vous en tenir compte et en faire l'essai dès la prochaine occasion.

Il est important toutefois de bien l'appâter si l'on veut obtenir les succès escomptés. L'une des meilleures façons est sans contredit par la queue. Il suffit simplement de traverser la pointe de votre hameçon sur le bout de la queue et de passer par en dessous pour la faire ressortir un peu plus loin, l'ardillon se trouvant alors vers le haut. De cette façon, l'écrevisse est suffisamment libre de mouvement pour qu'elle se comporte de façon naturelle.

Leurs queues font aussi d'excellents appâts sur un hameçon simple ou un jig. Leur extrémité doit se trouver vers le bas pour un maximum d'efficacité.

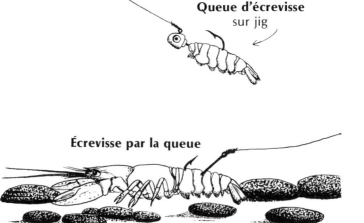

Queue d'écrevisse
sur jig

Écrevisse par la queue

Une épuisette à écrevisses

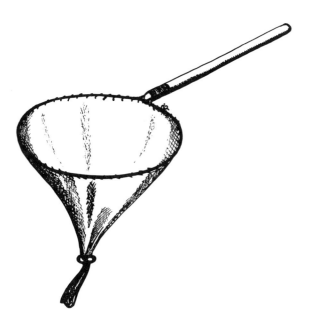

Bas de nylon noué
(coupez l'excédent)

Pour faire la cueillette d'écrevisses, faites-vous une petite épuisette. Il s'agit de prendre un cintre et de former un cercle en faisant dépasser les deux bouts, de façon à pouvoir les fixer sur un bâton ou une pôle faisant office de manche. Après avoir dérobé un bas de nylon à votre compagne, rabattez les rebords de l'ouverture autour du cercle et fixez-les en faufilant à l'aide d'un monobrin. Faites un noeud au fond de l'épuisette à l'endroit désiré. Fixez le tout sur un bâton avec de la broche ou autrement, et vous êtes en affaires.

La salamandre,
un appât sous-exploité

La salamandre est un appât vraiment pas exploité à sa juste valeur. L'espèce la plus connue est certes la necture tachetée, appelée communément «lézard» par plusieurs pêcheurs. Strictement aquatique, de couleur brune avec taches noires, c'est la géante de la famille, alors qu'elle peut atteindre 17 pouces (43 cm) de long. Les sujets de moins de 10 pouces (25 cm) constituent un excellent appât pour les dorés et achigans trophées. On retrouve la necture tachetée sous les roches dans des rivières à fort débit.

Parmi les salamandres aquatiques, mentionnons aussi le triton vert et sa larve, l'elfe rouge, se trouvant dans les endroits marécageux, ainsi que les salamandres pourpres et à deux lignes, lesquelles se dissimulent habituellement sous les roches aux abords des ruisseaux.

La meilleure façon de l'appâter est par la gueule. Il est essentiel toutefois que la pointe et la hampe de l'hameçon soient assez rapprochées l'une de l'autre car la salamandre, par sa «dextérité» se déprend fréquemment d'un hameçon conventionnel. Comme la salamandre essaie continuellement de se déprendre, ceci en fait une proie fort attrayante pour les prédateurs se trouvant dans les environs.

Pliez l'hameçon

Équipement de pêche

Les cuillers ondulantes

Les cuillers ondulantes ont cette curieuse faculté de s'attirer la faveur de la plupart des espèces de poissons sportifs en n'imitant rien de particulier, ou tout au moins en étant une imitation très imparfaite d'un poisson-appât. Mais leur mouvement ondulatoire (d'où leur qualificatif d'ondulante) allié à la brillance de leurs reflets, semble plus que suffisant pour provoquer une attaque si l'on en juge leur remarquable efficacité. Mais laquelle choisir?

Disons simplement qu'on en retrouve différentes marques sur le marché, lesquelles appartiennent à une catégorie en fonction de leur utilisation. Il y a les plus lourdes, de forme massive et plus ou moins ovale, lesquelles sont idéales pour le lancer tout en ayant une course plus profonde souvent indispensable dans les rivières à fort courant. Men-

Toronto Wobbler

Williams

Loco

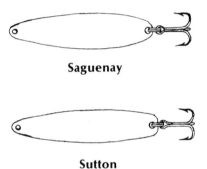

Mooselook ou Flashking

Saguenay

Sutton

tionnons les *Loco*, *Williams* ou *Toronto Wob-bler*. On retrouve aussi celles en forme de poisson telles les *Flashking* ou *Mooselook*, convenant très bien à la traîne rapide. Enfin, il ne faudrait pas oublier les *Sutton*, *Saguenay* ou toutes ces cuillers de forme allongée et si minces qu'on peut les plier pour leur permettre l'action désirée. Elles sont idéales pour la pêche en profondeur au *downrigger*, à la ligne plombée ou au «*pink lady*».

Les cuillers tournantes

Les cuillers tournantes sont probablement les leurres les plus versatiles qui existent. On peut en effet les utiliser au lancer ou à la traîne, avec le trépied original ou en le remplaçant par un bas-de-ligne muni d'un hameçon simple sur lequel on pique un appât vivant, tel un ver. Rien ne vous empêche non plus de les utiliser en tandem avec une autre cuiller tournante, un streamer ou autre. Avec une aussi grande versatilité, il n'est pas étonnant que l'on puisse capturer la plupart des espèces de poisson sportif, les reflets et les vibrations de la «palette» suffisant à provoquer leur agressivité.

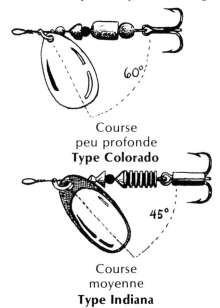

Course
peu profonde
Type Colorado

Course
moyenne
Type Indiana

Pour votre choix, il peut être bon de connaître le principe de base se rattachant à la course de la cuiller, celui-ci se trouvant dans l'angle de la «palette» tournant autour de l'axe de rotation lors de la récupération.

Course
profonde

Type feuille de saule (Willow leaf)

Celles à forme allongée, de type feuille de saule (Willow leaf), offrent peu de résistance et se prêtent bien aux eaux à fort courant ou sur un lac pour la traîne rapide. Leur course est plus profonde que les autres types, à la même vitesse de récupération.

Les classiques, soient celles à forme ovale, (type Colorado ou Indiana), à cause de leur résistance lors de la récupération, peuvent être utilisées au lancer dans des eaux calmes ou à la traîne lente sur un lac. Elles ont une course peu profonde.

Parmi les cuillers tournantes les plus connues, mentionnons les Mepps, Veltic, Panther Martin et Vibrax.

Ondulante et bas-de-ligne

Dans plusieurs régions, les cuillers ondulantes sont employées comme leurres plus que les cuillers tournantes. C'est le cas au lac Saint-Jean, pour la pêche à la ouananiche où on se sert alors surtout de la Toronto Wobbler. On y ajoute un bas-de-ligne d'environ 12 pouces (30 cm) de longueur appâté d'un petit méné ou encore d'un éperlan. Cette façon d'opérer, combinée à un déplacement de traîne en zig-zag, rapporte à plusieurs sportifs ces salmonidés qui font rêver tant de pêcheurs.

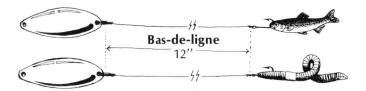

La combinaison d'une cuiller ondulante et d'un ver est aussi populaire dans plusieurs plans d'eau pour la mouchetée et la grise, particulièrement en début de saison.

Cuiller anti-herbe orange fluorescent

Les endroits où la végétation aquatique est dense sont habituellement des coins de prédilection pour le brochet. C'est pourquoi les cuillers anti-herbe sont souvent les meilleurs leurres dans de telles conditions.

Choisissez de préférence les argentées ou, si elles sont de couleur, grattez-les pour enlever la peinture. Vaporisez-leur de la peinture orange fluorescente. Cette couleur semble provoquer le brochet au point de le rendre fou de rage et son attaque sera instantanée!

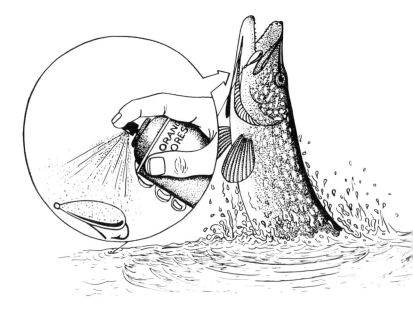

Cuiller anti-herbe

72

Cuillers tournantes en tandem

Les cuillers tournantes en tandem sont employées par la plupart des pêcheurs pour la truite et elles sont généralement suivies d'un ver. Les petits formats sont surtout destinés à la mouchetée et les plus gros à l'arc-en-ciel et à la brune en rivière.

On peut s'en servir également pour le doré jaune, particulièrement quand il y a eu une crue des eaux et que ces dernières sont embrouillées. Dans ce cas, le montage consiste à attacher un plomb-cloche à une distance de 24 pouces (61 cm) environ en avant du tandem. Le poids du plomb dépend de la force du courant et doit vous permettre de toucher le fond d'une fosse quand il s'agit d'une rivière. On peut attacher directement un poisson-nageur au tandem; cela ne semble affecter en rien son travail et le rend, si on peut dire, doublement visible.

Cuiller tournante plus

Un grand nombre de pêcheurs emploient une cuiller tournante avec un bas-de-ligne auquel on ajoute un ver. Cette technique est surtout utilisée pour la mouchetée, mais d'autres espèces peuvent succomber à ce montage. Il serait beaucoup plus intéressant de pêcher la perchaude de cette façon plutôt que de la prendre au coup avec un «énorme» plomb et deux grossiers hameçons.

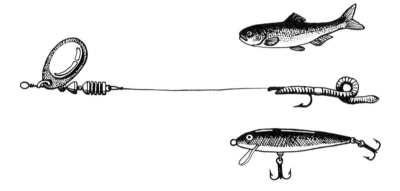

Ce montage composé d'un leurre tournant et d'un poisson-nageur est très efficace pour la brune en début de saison. Cette combinaison arrive à inciter le poisson engourdi, qui se tient dans une eau embrouillée, à happer le leurre que vous lui offrez.

L'achigan sur les hauts-fonds rocailleux semble détester l'idée au point de le rendre agressif, surtout quand vous vous servez d'un petit méné comme appât. Vous voulez augmenter vos chances pour la mouchetée de grande taille? Essayez le leurre tournant de votre choix avec un petit poisson-nageur.

Le «chapelet»

Presque tout pêcheur de truite grise en possède un ou plusieurs dans son coffret. Les chapelets sont habituellement employés pour la pêche à la traîne en profondeur. On les fait souvent suivre d'un bas-de-ligne appâté d'un ver ou d'un méné. Dans plusieurs régions, où il y a restriction pour les vifs, le poisson-nageur prendra efficacement la place du poisson-appât.

En format réduit et muni d'un monobrin de nylon, on peut l'utiliser pour la mouchetée. Les jours de canicule, laissez descendre votre attirail quelque peu, après l'avoir appâté d'un ver ou d'une mouche noyée.

Dans le grand lac Nominingue, on pêche le doré jaune à de grandes profondeurs avec un chapelet et un bas-de-ligne de 18 pouces (46 cm) muni d'un Rapala flottant N° 9 ou 11 argent. Plusieurs adeptes utilisent aussi les mouches que l'on retrouve ordinairement au bout des Spinner-Pack et les appâtent d'un ver. Dans certains lacs, où il y a en plus de la grise, de l'arc-en-ciel et de la brune, cette technique vous permet une prospection efficace.

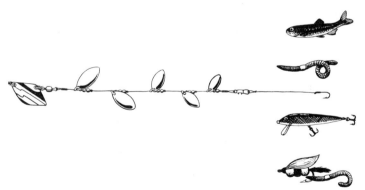

Le «spinnerbait», un leurre méconnu

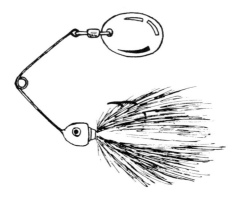

Pourtant très populaires aux États-Unis, les «spinnerbaits» ne sont utilisés que par quelques pêcheurs au Québec. Ce leurre est ni plus ni moins qu'une combinaison de jig et de cuiller tournante, lesquels sont reliés par une tige pliée dans un angle de 90 degrés, dont la forme rappelle celle d'une épingle à ressort.

À l'origine, ce leurre a surtout été conçu pour pêcher l'achigan à grande bouche car on peut l'utiliser dans la végétation aquatique dense. En effet, sa «palette» en tournant sert non seulement de leurre, mais aussi de pare-herbes. Au Québec, certains pêcheurs l'utilisent avec succès pour l'achigan à petite bouche, le brochet et le doré. Pour cette dernière espèce, la meilleure méthode est à la dérive en «jiggant». Ses facultés attractives devraient être essayées davantage sur nos truites.

Les jigs

Ces leurres sont surtout populaires auprès des pêcheurs de doré quoiqu'ils gagneraient à être essayés sur d'autres espèces tels l'achigan à petite bouche et la truite grise. Le jig est constitué à la base d'une tête de plomb de couleur et d'un hameçon

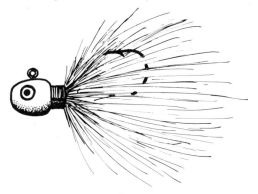

Jig classique

simple. Il n'est vraiment efficace que si le pêcheur lui donne lui-même de l'action. Il s'agit de le descendre sur le fond et d'imprimer à la canne des mouvements saccadés de haut en bas pour le faire se dandiner.

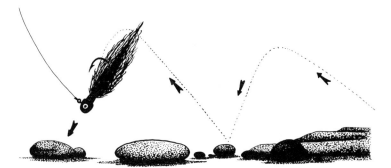

Jigs avec corps de plastique

Bass Buster

Mr Twister

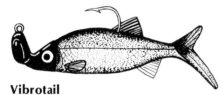

Vibrotail

Sassy Shad

Même si on peut pêcher au lancer avec un jig, l'application la plus appropriée en embarcation est de se laisser dériver au gré du vent ou du courant au-dessus des secteurs propices. Pour la pêche à gué, au lancer, dans les endroits à fort courant, ils valent aussi leur pesant d'or. Les jigs classiques, garnis ou non, sont à leur mieux avec un ver ou un méné. Il y en a maintenant sur le marché avec des corps de plastique, lesquels sont même interchangeables. La queue molle et flexible s'agite comme un méné en détresse lors de la récupération. Les Sassy Shad et Vibrotail sont de ceux-là.

La Spoonplug,
un leurre
à profondeur contrôlée

Il existe maintenant sur le marché un leurre dont la caractéristique principale est son action à profondeur contrôlée selon sa dimension, peu importe la vitesse de traîne. Il s'agit d'une Spoonplug. Ce leurre métallique, à l'allure bizarre, allie la forme et l'action d'une cuiller et d'un devon. Son inventeur, Buck Perry, de la Caroline du Sud, a même écrit un livre sur la façon de s'en servir, intitulé «Spoonpluging». Particulièrement efficace pour le doré et l'achigan à petite bouche, il gagnerait à être essayé pour nos salmonidés.

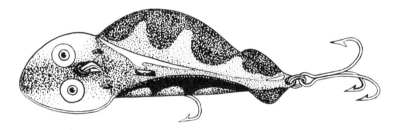

Numéros	Profondeur
500 et 400	Moins de 6 pieds (1,8 m)
250	6 à 9 pieds (1,8 m à 2,7 m)
200	9 à 12 pieds (2,7 m à 3,6 m)
100	12 à 15 pieds (3,7 m à 4,5 m)
700	15 à 20 pieds (4,5 m à 6 m)
800	20 à 25 pieds (6 m à 7,6 m)

Un pêcheur et un auteur émérite, Alain Demers

Truite mouchetée
(voir truc p. 71)

Quota de ouananiches
(voir truc p. 82
et phénomène p.135)

Truite arc-en-ciel (voir truc p. 47)

Dorés-trophées
(voir truc p. 64
et phénomène p.131)

Truites brune et arc-en-ciel
(voir truc p. 90)

Magnifiques prises de l'auteur Daniel Cousineau

Brochet (voir truc p. 72)

Les leurres pour la ouananiche

Si, au lac Saint-Jean, la plupart des pêcheurs connaissent les leurres à utiliser pour la pêche à la ouananiche, dans les autres régions du Québec, rares sont ceux qui sont familiers avec cette espèce. Les leurres de base suivants devraient vous permettre d'optimiser vos chances de succès: Rapala flottant N° 7, Mooselook ou Flashking de 1/8 d'once (3,5 gr), Streamer Memphrémagogsmelt N° 6, Kwikfish ou Flatfish de 2½ à 3 pouces (6,3 à 7,6 cm) et Toronto Wobbler N° 3. Ce dernier est utilisé au lac Saint-Jean avec un bas-de-ligne d'environ 12 à 18 pouces (30 cm à 45 cm) de long et un méné de même que dans le Haut-Saguenay par certains guides indiens avec un bas-de-ligne et un streamer.

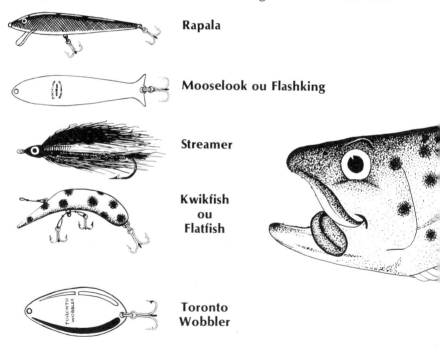

Rapala

Mooselook ou Flashking

Streamer

Kwikfish
ou
Flatfish

Toronto
Wobbler

La pêche avec des vers de plastique

Pour avoir du succès avec les vers de plastique, il faut utiliser un montage constitué d'un plomb coulissant en forme de cône et d'un hameçon spécial. Celui-ci est recourbé de façon à retenir le ver en place. C'est le montage que les Américains appellent «Texas rig». Pêcher avec le ver de plastique est un art, car il faut atteindre une vitesse de récupération moyenne tout en le laissant chuter de temps à autre vers le fond.

L'une des particularités de ce montage est qu'on peut l'utiliser dans la végétation aquatique dense. Cet ensemble anti-herbe s'avère des plus efficaces pour l'achigan.

«Bob-it» + mouche

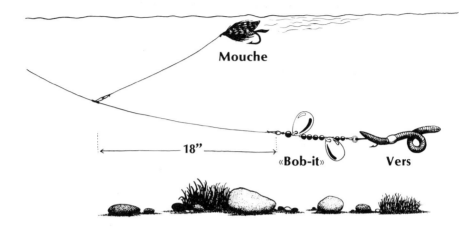

Mouche

18"

«Bob-it»

Vers

Si vous pêchez la truite au lancer avec une «Bob-it» (ou une autre cuiller tournante) et un ver ou à la mouche et que, dans un cas comme dans l'autre, les morsures ne sont pas franches, essayez ce petit truc. Mettez une mouche avec un bas-de-ligne à quelque 18 pouces (46 cm) de la «Bob-it». Récupérez de façon à faire sautiller légèrement la mouche sur la surface ou en lui faisant faire un sillon mettant son déplacement en évidence. Cette présentation semble susciter l'instinct de compétition chez la mouchetée. De fait, si vous l'utilisez au bon endroit et au bon moment, il s'ensuivra une euphorie telle que vous capturerez fréquemment deux truites sur la même ligne!

Poisson-nageur
alphabet et streamer

Pour ce tandem, il suffit d'enlever l'hameçon triple à l'arrière du poisson-nageur et, au bout d'un bas-de-ligne de 15 pouces (38 cm) de long, on attache un gros streamer, tel un Mickey Finn.

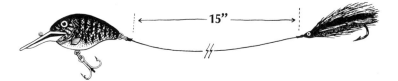

Ce montage, populaire auprès des pêcheurs américains d'achigan à grande bouche, est aussi excellent pour son cousin à petite bouche. Il a également fait ses preuves avec le grand brochet et, lorsque monté avec un Mini Fat Rap et une petite mouche noyée, il est particulièrement bon pour le «panfish» telles que la marigane noire et la perchaude.

«Water dog» et jig

La combinaison d'un «water dog» et d'un jig se prête particulièrement bien à la pêche au doré en lac et est surtout adaptée pour la pêche à la traîne.

Le dandinement du leurre de tête joint à ses changements de niveau donnent au jig une action provocatrice. Il peut même vous arriver de prendre deux dorés à la fois avec ce montage, si le banc est de grande importance. En plus du doré, l'achigan à petite bouche peut aussi s'y laisser prendre.

(de 24" à 36")

86

Devon et jig

Voici une combinaison très attrayante pour le doré et, occasionnellement, pour l'achigan à petite bouche. Il s'agit d'un devon dont l'hameçon supérieur porte un bas-de-ligne de 20 pouces (51 cm) de long auquel est attaché un jig sans poil de 1/16 d'once (1,8 gr), appâté d'un ver de nuit.

Il faut noter que, la plupart du temps, les poissons sont capturés sur le jig. L'action du devon combinée au «dandinement» du jig appâté suffit souvent à décider les poissons indécis à s'en prendre à l'appât.

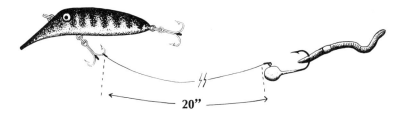

Poisson-nageur plus

Cette combinaison ne peut guère s'employer que pour la pêche à la traîne, car lancer un tel attirail résulterait en un emmêlement presque certain. Ce montage se compose d'un poisson-nageur articulé flottant et d'un streamer ou d'une cuiller ondulante légère, telle une Sutton.

Pour éliminer le risque de coupure du fil sur l'ardillon de l'hameçon, il existe de petites fixations de nylon spécialement conçues à cet effet. Si on ne peut trouver ces petites fixations spéciales, on peut

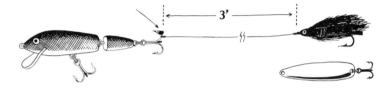

aussi mettre, entre l'attache du fil et l'ardillon de l'hameçon, un petit morceau de caoutchouc ou de liège.

Le bas-de-ligne doit mesurer environ 3 pieds (0,9 m) et la vitesse de traîne doit être lente pour obtenir un maximum d'action. Ce montage est particulièrement efficace pour les salmonidés d'ouverture, lorsque le plan d'eau est calme. Il s'avère aussi très productif pour l'achigan à petite bouche en lac de même que pour le brochet maillé.

Deux leurres, deux chances

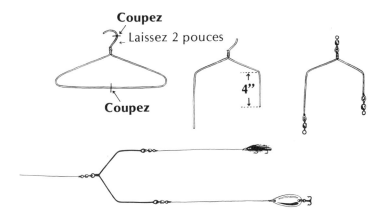

Coupez
Laissez 2 pouces
Coupez
4"

Voici un montage maison qui vous permet d'utiliser deux leurres très différents pour prospecter un lac à la traîne. Vous avez simplement besoin d'un cintre rigide et de trois émérillons auxquels vous aurez pris soin d'enlever les attaches à fermoir.

La première étape consiste à redresser le cintre et à le couper à son extrémité recourbée en laissant environ deux pouces du crochet. Coupez ensuite en plein centre la tige de la base à l'aide d'une bonne pince de coupe. Redressez les deux côtés et coupez-en un à une longueur de 4 pouces (10 cm) afin d'obtenir une branche qui sera plus courte que l'autre. Il ne vous reste plus qu'à insérer un émérillon à chacune des extrémités et à refermer le bout fermement en ajoutant une goutte de soudure.

Pour que le montage soit le plus effectif possible, il faut utiliser un leurre léger sur la branche la plus courte, tel un streamer ou une cuiller ondulante légère, et un leurre plus lourd pour la branche la plus longue. Il est suggéré de se servir d'une canne courte et rigide à cause de la grande résistance dans l'eau exercée par ce montage.

Les streamers, des «mouches» efficaces

Imitant un vairon, les streamers sont des «mouches» efficaces pour différentes espèces de poissons. Parmi les plus connues, mentionnons les Memphrémagogsmelt (imitation d'éperlan), Mickey Finn et Gray Ghost. On les utilise au lancer avec une canne à moucher mais souvent à la traîne avec le même équipement ou au lancer léger. Au début de la saison de pêche, ils valent leur pesant d'or pour toutes les espèces de truites. Un peu plus tard, ils s'attireront les foudres de l'achigan et même du brochet. Pour ce dernier toutefois, ils doivent être beaucoup plus gros.

Dans tous les cas précités, on l'utilise généralement en surface et certains lui impriment des secousses par gestes saccadés pour simuler la démarche d'un vairon en difficulté. Il y a aussi quel-

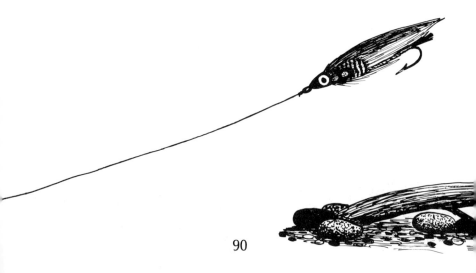

ques pêcheurs qui mettent à l'avant, sur le fil, quelques petits plombs fendus pour le faire caler légèrement. Un plomb cloche peut même être utilisé dans les rapides, son poids allant selon la force du courant. On peut aussi se servir d'un streamer conjointement avec un marcheur de fond, ce qui est une présentation irrésistible pour le doré.

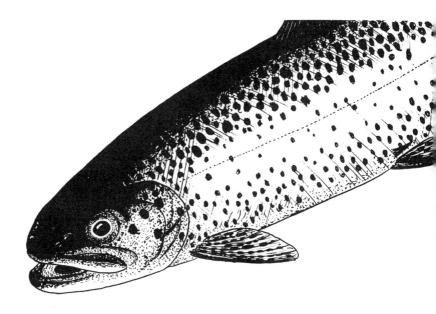

La Muddler, mouche à tout faire

Lorsque utilisée au fond, elle est sensée imiter un chabot tacheté. En surface, elle ressemble à un papillon ou à un autre insecte terrestre quelconque. Peu importe ce qu'elle doit imiter, la Muddler est efficace durant toute la saison de pêche et les truites comme les achigans se laissent facilement prendre. Voilà suffisamment de raisons pour lesquelles tout moucheur se doit d'en posséder un petit assortiment dans sa boîte à mouches.

Le choix d'une canne
à lancer léger

Il ne faut pas se leurrer, la canne à tout faire pour le lancer léger (comme pour les autres catégories de cannes) n'existe pas. Bien entendu, si vous ne pratiquez qu'un type de pêche en particulier, vous pouvez très bien vous tirer d'affaire avec une seule canne. Mais si vous pêchez différentes espèces de poisson dans des conditions différentes, il est préférable d'utiliser une canne appropriée à chaque usage.

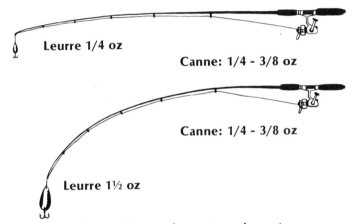

Leurre 1/4 oz

Canne: 1/4 - 3/8 oz

Canne: 1/4 - 3/8 oz

Leurre 1½ oz

Ainsi, le pêcheur de truite de ruisseau sera habituellement plus à son aise avec une canne courte, légère et peu encombrante. Par contre, le pêcheur à gué dans de gros cours d'eau à fort courant devrait plutôt employer une canne longue lui permettant de lancer plus loin et de contourner les obstacles avec plus de facilité lors de la récupération.

L'action de la canne doit aussi être prise en considération. Dans le premier cas, une action lente et même ultra-lente convient bien aux petits leurres de moins de 1/8 d'once (3,5 gr), tandis que dans le deuxième cas, une canne à action très rapide est préférable à cause du poids des leurres utilisés et surtout de la force du courant exercée sur ceux-ci. En embarcation, optez pour une canne intermédiaire dont la longueur peut aller de 6 pi à 7½ pi (1,8 m à 2,3 m) et dont l'action peut être moyenne ou rapide. Si vous faites surtout de la traîne, choisissez-la plus courte et, pour le lancer et la pêche au coup, plus longue. N'en faites toutefois pas une règle absolue car il peut arriver que les conditions de pêche nécessitent une certaine adaptation.

Le tableau ci-contre vous donne une idée approximative de la relation entre les différentes composantes de votre équipement pour en faire un ensemble bien équilibré. Il nous faut toutefois vous aviser que cela peut varier d'une compagnie à l'autre.

Les cannes à lancer léger

Action de la canne	Monobrin recommandé	Poids du leurre	Longueur de la canne
Ultra-lente	2-4 lb	1/16-1/8 oz (1,8-3,5 gr)	4½ à 6½ pi (1,3 à 2 m)
Lente	4-8 lb	1/8 oz (3,5 gr)	6 à 6½ pi (1,8 à 2 m)
Moyenne	6-10 lb	1/4-3/8 oz (7-10,6 gr)	7 pi (2,1 m)
Rapide	10-15 lb	1/2-1½ oz (14,2-42,5 gr)	7½ pi (ou plus) (2,3 m)
Extra-rapide	12-20 lb	2-4 oz (56,7-113,4 gr)	8 pi (ou plus) (2,4 m)

Le lancer lourd,
un moulinet versatile

Le lancer lourd qui fut plus ou moins écarté de la scène de la pêche sportive au Québec, avec l'apparition du lancer léger, a bien changé. Il s'est tellement perfectionné et étale de nos jours une telle panoplie de modèles sur le marché, qu'il peut combler presque toutes nos attentes. En effet, on peut maintenant l'utiliser avec autant d'agrément au lancer et au coup qu'à la traîne.

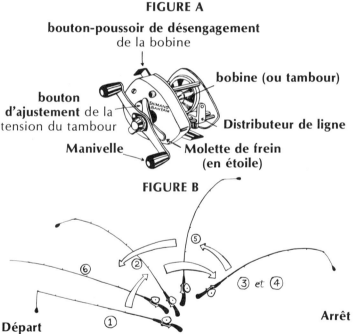

FIGURE A

bouton-poussoir de désengagement
de la bobine

bobine (ou tambour)

bouton d'ajustement de la tension du tambour

Distributeur de ligne

Manivelle

Molette de frein (en étoile)

FIGURE B

Départ

Arrêt

1: pesez sur le bouton-pressoir de désangement de la bobine et retenez-la avec le pouce.

2 à 5: retenez la bobine avec le pouce durant le mouvement du lancer.

6: laissez la ligne se libérer tout en exerçant une légère pression avec le pouce (pour éviter l'emmêlement et contrôler le lancer).

95

Il est possible aujourd'hui de lancer des leurres aussi légers que 1/16 d'once (1,8 gr). De plus, la précision est plus facile à atteindre dû au fait que l'on exerce un contrôle par le pouce lors du lancer. À la traîne, le monobrin se vrille beaucoup moins qu'avec un lancer léger. Vous pouvez de plus utiliser du monobrin à élongation réduite telle la NO-BO, permettant une grande force de ferrage, lequel ayant plus de mémoire (moins souple), est trop mêlant sur un lancer léger.

À la pêche au coup, vous avez l'avantage de pouvoir régler la tension du tambour indépendamment du frein. Pour laisser un poisson s'en aller librement avec l'appât, avec un lancer léger, vous devez relever l'anse attenante au moulinet. Avec un lancer lourd, vous pouvez pêcher en ayant ajusté la tension du tambour au préalable et libéré le frein. De cette façon, l'assaillant ne ressent pas de résistance lors des premières morsures.

Quelle soie choisir pour votre canne à mouche?

Il y a sur le marché une telle panoplie de soies pour les cannes à mouche que le pêcheur, avant de faire un choix, doit tout d'abord en connaître les différentes caractéristiques tels la forme, le degré de flottabilité et le poids.

Les différentes formes sont les régulières (Level-L) s'adressant surtout aux débutants, double fuseau (Double Taper—DT) permettant une présentation plus délicate de la mouche et avec «poids à l'avant» (Weight Forward-WF) se lançant à plus grande distance et luttant mieux contre le vent. Quant au degré de flottabilité, il est déterminé par les lettres suivantes: F (floating) pour flottante, S (sinking) pour calante et ST (sinking tip) pour soie à bout calant. Pour ce qui est du poids, notons que sur la plupart des cannes de qualité, on retrouve un numéro désignant la pesanteur de la soie à utiliser. Ce détail est important pour que votre équipement soit bien équilibré.

Les sonars de pêche

À la base, un sonar est un détecteur électronique servant à indiquer la profondeur de l'eau, la nature du fond et la présence des obstacles. Ceci se fait grâce à une sonde qui émet des ondes vers le fond, lesquelles «rebondissent» vers la surface et sont retransmises à l'appareil.

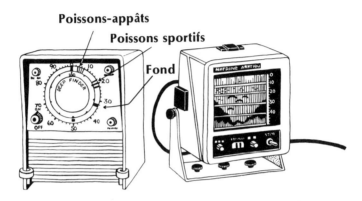

Il y a des modèles à cadran lumineux, à rapport imprimé (graphique) et à écran cathodique. Ces deux derniers peuvent en plus servir à détecter les poissons en les reproduisant sur un écran par des traits. Ceux-ci adoptent la forme d'un croissant si le poisson est immobile et celle d'un trait horizontal dans le sens d'un poisson en mouvement. Le modèle à cadran lumineux peut servir à détecter les poissons par des traits entre la surface et le fond s'illuminant sur le cadran mais on devrait plutôt s'en servir pour localiser les endroits où *peuvent* se trouver les poissons.

Les thermomètres de pêche

S'il est bon de connaître les températures préférentielles des différentes espèces de poissons, il faut donc pour les vérifier avoir recours à un thermomètre. Comme l'eau refroidit avec l'augmentation de la profondeur, un thermomètre ordinaire n'est pas adéquat, car son mode de détection ne vous donnera toujours qu'une lecture en surface. C'est pourquoi il existe sur le marché deux types de thermomètre, soit électronique et à immersion.

L'un des modèles les plus courants est un appareil à lecture digitale composé d'un fil conducteur doté d'une sonde et monté sur un moulinet. Sa grande qualité est qu'il donne instantanément la température de l'eau à la profondeur désirée. Certains modèles indiquent aussi le degré de pénétration de la lumière dans l'eau et même l'oxygène.

Le deuxième est un tube gradué muni d'une valve à sa base permettant de faire pénétrer l'eau lentement à la profondeur désirée. Il va sans dire que sa lecture est beaucoup moins rapide puisqu'on doit le sortir de l'eau à chaque fois mais il est beaucoup moins coûteux que le premier.

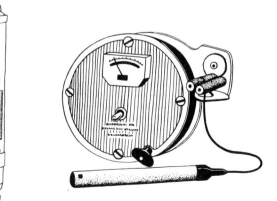

Pour la pêche en profondeur: le downrigger

Fort populaire sur les Grands Lacs pour la pêche aux saumons Chinook et Coho, le downrigger est un attirail conçu spécialement pour «trôler» en profondeur avec votre équipement léger. Ce grément est composé de six parties principales: le support, la plaque de montage, la poulie, le manche, la pesée et le mécanisme de déclenchement.

L'idéal est de s'en servir conjointement avec un thermomètre et un sonar, le premier pour savoir à quelle profondeur pêcher et le deuxième pour localiser les hauts-fonds et ne pas accrocher votre pesée. Au pis-aller, si vous n'avez pas de thermomètre, essayez différentes profondeurs jusqu'à ce que vous trouviez la bonne. À défaut d'un détecteur de fond, vous pouvez toujours vous servir

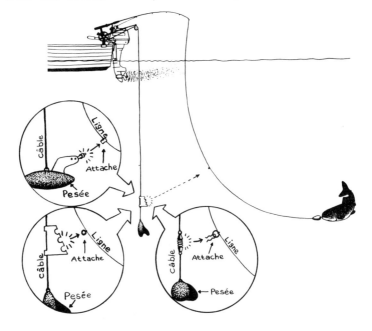

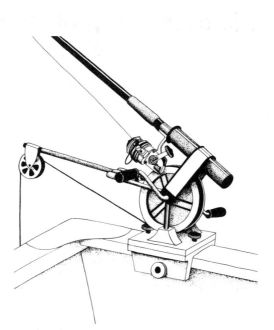

d'une carte bathymétrique mais vous risquez d'accrocher votre pesée à l'occasion.

Voici comment vous installer: tout en vous déplaçant avec votre embarcation, laissez aller de 10 à 50 pieds (3 m à 15 m) de fil selon le cas. Fixez ensuite votre ligne au déclencheur réglé à la tension d'usage au préalable. Si vous pêchez la grise vous n'avez qu'à faire passer votre fil directement dans un anneau de plastique relié au déclencheur, ce qui vous permet de «jigger». Placez votre canne dans le porte-canne et libérez le frein de votre moulinet. Vous descendrez ensuite la pesée à la profondeur désirée. Il ne vous reste qu'à réajuster le frein de votre moulinet en conséquence et à récupérer quelques pieds de ligne de façon à bien courber votre canne. Dès qu'un poisson mord, le déclencheur libère votre fil et votre canne se détend instantanément. Sans perdre de temps, vous devez tout de suite ferrer. C'est alors que l'action commence...

Les attracteurs

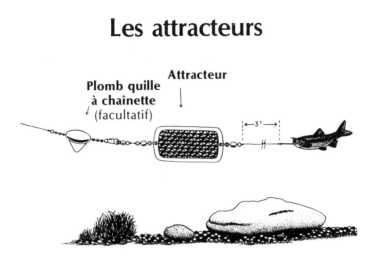

Si vous pêchez à l'aide d'un downrigger ou d'une ligne métallique et que les effets se font trop attendre, l'usage d'un attracteur utilisé avec le leurre initial ou un appât peut faire toute la différence. Ces attracteurs sont habituellement de couleur vive et certains d'entre eux sont revêtus d'une espèce de papier plastique brillant dont les reflets sont perçus de loin par les poissons, même dans les grandes profondeurs.

Le «pink lady», un downrigger bon marché

Plus petit de longueur qu'un paquet de cigarettes, le «pink lady», à l'instar du downrigger ou de la ligne métallique, peut vous permettre de pêcher à la traîne en profondeur. Il s'apparente toutefois un peu plus au downrigger car on peut pêcher à une profondeur contrôlée.

Fait de plastique, il est conçu d'une plaquette plus ou moins rectangulaire sur laquelle est fixée une tige d'acier en forme de «Y». Sous la plaquette, se trouve un plomb de forme allongée, revêtu de plastique. À l'arrière de la plaquette, est attaché un bas-de-ligne avec un émérillon servant à y agrafer le leurre.

On fixe le «pink lady» à la ligne par l'émérillon glissant dans la tige en «Y». Lors de sa mise à l'eau, il prend instantanément un angle d'à peu près 45 degrés pour se diriger vers le fond, la «tête» en bas. Lorsqu'un poisson mord, l'engin bascule pour changer de position, de sorte que la palette n'exerce plus de pression pour la récupération.

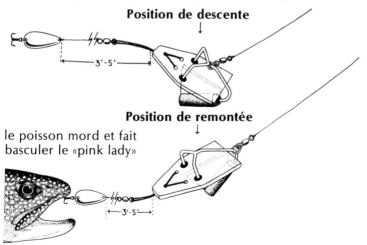

Position de descente

↓

3'-5'

Position de remontée

↓

le poisson mord et fait
basculer le «pink lady»

3'-5'

103

Pour vous donner une idée de la profondeur à laquelle progresse un «pink lady» par rapport au nombre de pieds de ligne sortie, jetez un coup d'oeil sur le tableau suivant. À noter qu'il existe 3 formats sur le marché (Nos 0,1 et 2). Le tableau vaut pour le No 1.

LONGUEUR DE LIGNE SORTIE

	lb	(kg)	25 (7,6)	50 (15,3)	75 (22,8)	100 (30,5)	150 (45,7)	200 (61)	250 (76,2)	300 (91,4)	pieds (mètres)
Résistance de la ligne	10	(3,5)	18 (5,5)	35 (10,7)	51 (15,5)	66 (20,1)	92 (28)	107 (32,6)	110 (33,5)	—	—
	20	(6,1)	17 (5,2)	33 (10)	48 (14,6)	62 (18,9)	86 (26,2)	99 (30,2)	101 (30,8)	—	—
	30	(9,1)	16 (4,8)	31 (9,4)	44 (13,4)	57 (17,4)	79 (24)	90 (27,4)	91 (27,8)	—	—
	40	(12,2)	15 (4,5)	29 (8,8)	42 (12,8)	54 (16,5)	74 (22,6)	83 (25,3)	—	—	
	50	(15,2)	14 (4,2)	27 (8,2)	39 (11,9)	50 (15,3)	68 (20,7)	75 (22,9)	—	—	—

Remarque: Les données indiquées peuvent varier, selon la vitesse et le poids du leurre utilisé.

Le trolex, innovation pour la pêche à la traîne

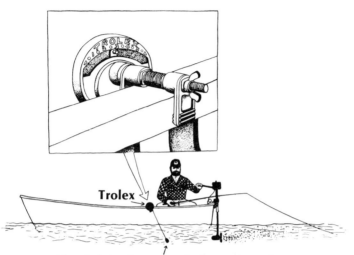

Plomb à environ un pied sous la surface

Pour le pêcheur à la traîne, il est souvent essentiel de maintenir l'embarcation à une vitesse donnée pour obtenir les succès escomptés. Toutefois, cette vitesse est difficile à maintenir à cause des facteurs ambiants, tel le courant ou le vent.

C'est alors que le trolex peut vous être utile, celui-ci vous permettant de revenir à la vitesse de traîne où vous avez fait une capture. La vitesse est prise avec un plomb immergé à dix pouces, traîné sur le côté de l'embarcation, lequel est rattaché au cadran de lecture. Elle est indiquée sur celui-ci en milles à l'heure (approximatif). Ce mode de lecture a donc l'avantage d'être peu soumis aux influences extérieures. Tout ceci en fait un gadget très utile aux pêcheurs à la traîne.

Le marcheur-de-fond

Il y a maintenant sur le marché des marcheurs-de-fond, instruments qui font un peu penser à d'énormes épingles à ressort dont une extrémité est plombée. Le plus connu est sans doute le Bait-walker fabriqué par la compagnie Gapen's.

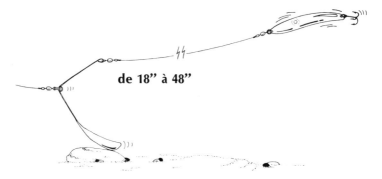

de 18" à 48"

Le marcheur-de-fond n'est en fait qu'un plomb de forme spéciale dans lequel est insérée une tige métallique repliée en «V». La ligne est attachée à l'anneau de la pointe du «V» et le leurre ou l'appât est attaché à l'anneau de la tige supérieure avec un bas-de-ligne. Pendant que le plomb «marche» sur le fond, le leurre ou l'appât est généralement suspendu à quelques pouces au-dessus, ce qui fait une présentation très efficace.

Fabriquez vos propres marcheurs-de-fond

Les marcheurs-de-fond sont d'excellents outils pour pêcher à la traîne ou à la dérive près du fond, mais ne sont pas toujours disponibles en magasin. Voici donc comment les fabriquer.

Coupez-vous tout d'abord une broche rigide de 14 pouces (36 cm) de long avec des pinces coupantes. Placez un clou dans un étau et faites un tour et demi à la broche autour du clou pour former un anneau. Les tiges doivent former un «V» à un angle d'environ 110 degrés et l'une d'elles doit être plus courte que l'autre d'au moins un pouce (2,5 cm).

Formez un anneau à l'extrémité de la tige la plus courte en ayant pris soin d'y insérer un émérillon et soudez le joint de cet anneau. Faites chauffer du plomb dans un vieux chaudron et placez la poignée d'une cuiller creuse dans un étau de façon à ce que la partie concave soit bien au niveau. Tenez l'extrémité de la tige la plus longue sur le bord de la cuiller et versez le plomb fondu. Au bout de quelques minutes, plongez l'ensemble dans l'eau pour le refroidir. Il vous reste ensuite à enlever les bavures avec un papier sablé à métal et à peindre le plomb avec du noir mat en aérosol.

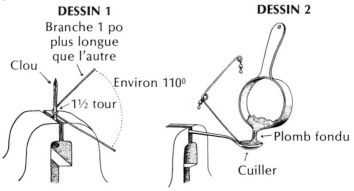

DESSIN 1

Branche 1 po plus longue que l'autre

Clou

Environ 110⁰

1½ tour

DESSIN 2

←Plomb fondu

Cuiller

Le plomb coulissant

Le plomb coulissant pour la pêche au vif permet une approche très efficace pour tromper les preneurs «tâtonneux» comme le sont plusieurs espèces de poissons sportifs méfiants. Une des façons de s'y prendre est de fabriquer un montage constitué d'un émérillon qui retient un avançon d'environ 18 pouces (46 cm) et empêche le plomb de glisser vers le bas. Dès que l'on sent une touche, il faut laisser aller la ligne qui glissera dans le plomb coulissant, sans offrir de résistance au poisson en train de se saisir de l'appât. Quand le fil a fini de se dévider, c'est le temps de ferrer.

FIGURE 5
Plomb de type
«Marcheur-de-fond»

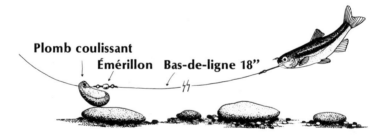

La grosseur des hameçons

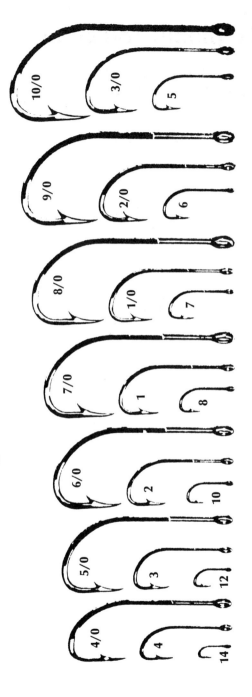

Cette planche illustre grandeur nature la grosseur originale des hameçons. Un coup d'oeil sur ce tableau devrait vous aider dans votre choix.

L'émérillon à agrafe: petite pièce de grande importance

Peu de pêcheurs attachent de l'importance à leurs émérillons à agrafe. Si votre poisson ne tient qu'au bout de votre fil, il en dépend aussi de votre émérillon. Particulièrement pour les belles pièces, les émérillons dont l'agrafe est dotée d'une barrure sont à recommander, les autres se disloquant fréquemment si on leur applique trop de pression.

Ils doivent être dotés d'un roulement à billes qui vrille moins votre fil que les autres, surtout à la pêche à la traîne, ou même au lancer avec des cuillers tournantes. Ce type d'émérillon a toutefois le défaut d'être brillant. Ne les utilisez donc pas d'une grosseur démesurée au leurre, car ils s'attireraient vite la méfiance des poissons les plus futés.

Émérillon à agrafe simple

Émérillon à bille avec agrafe à barrure

Secrets
et trucs divers

Comment pêcher
dans un lac inconnu?

Si vous êtes en embarcation sur un plan d'eau inconnu, voici un bon moyen pour faire connaissance avec la gent halieutique. Prospectez les pourtours du lac à la traîne à différentes profondeurs. Si vous êtes trois, utilisez par exemple une ligne en surface, une autre entre «deux eaux» et une troisième près du fond. Pour la première, prenez un streamer, une ondulante légère ou un poisson-nageur de surface. Pour la deuxième, vous pouvez vous servir d'un poisson-nageur calant, d'une cuiller tournante à course moyenne ou d'une ondulante lourde. Enfin, pour la troisième, optez pour un leurre de surface précédé d'un marcheur de fond ou d'un plomb fixé par un bas-de-ligne à un émérillon triple sur la ligne principale.

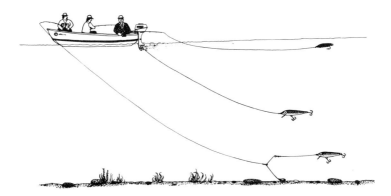

La traîne à trois partenaires

Lorsque vous pêchez à la traîne à peu près à la même profondeur et que vous êtes trois partenaires, il est recommandé pour éviter tout emmêlement de tendre différentes longueurs de ligne. Vous pouvez par exemple mettre une ligne au centre derrière le sillon du moteur à quelque 25 ou 30 pieds (8 m ou 9 m) et les autres respectivement à environ 50 et 75 pieds (15 m et 23 m) en autant que ce ne soit pas la même distance. Le truc de la «ligne courte» comme on l'appelle au lac Saint-Jean a fait ses preuves pour la ouananiche dans cette mer intérieure et cela peut être très valable pour d'autres espèces.

De plus, le fait de pêcher à des distances différentes vous permet parfois de provoquer le poisson avec une première ligne et de décider l'assaillant avec une autre. Il est recommandé de pêcher avec trois leurres différents pour choisir enfin celui qui semble donner le plus de résultats.

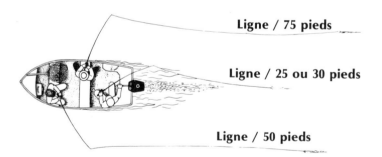

Ligne / 75 pieds

Ligne / 25 ou 30 pieds

Ligne / 50 pieds

Quand la truite prend la sèche

Le défaut de beaucoup de moucheurs, et en particulier des débutants, lorsqu'ils pêchent à la sèche, est de ferrer dès que la truite s'en empare. Il faut plutôt attendre que l'assaillant disparaisse de la surface avec la mouche pour ferrer. Mieux vaut contrôler son anticipation que de revenir bredouille...

La pêche à la «baloune»

Il est bien connu que les dorés sont des poissons grégaires, c'est-à-dire se tenant en groupe. C'est pourquoi lorsque vous en capturez un, vous avez tout intérêt à localiser le lieu de la capture et repasser au même endroit.

L'un des meilleurs moyens est d'attacher le doré par la queue avec un élastique et une corde reliée à une «baloune» et de le relâcher. Mettez suffisamment de corde pour que le doré puisse se rendre au fond et avec une certaine liberté de mouvement. Si vous avez manipulé le doré avec précaution, il devrait retourner rejoindre ses congénères, ce qui vous permet de trouver le banc. On dit que ce truc était jadis utilisé par les Amérindiens qui se servaient alors de la vessie d'un cervidé.

CORDE NOUÉE

Ballon-jouet

La «couenne» de porc

La «couenne» de porc qui était utilisée, il y a quelques années, par certains adeptes inconditionnels du «skittering», soit en la ramenant à la surface avec une grande canne de bambou, devient de plus en plus populaire auprès des pêcheurs américains. Adaptant les formes et arborant les couleurs les plus bizarres, leur commercialisation chez nos voisins du Sud laisse prévoir un regain de popularité chez nous.

Ajoutez un morceau découpé au gré de votre fantaisie au bout de votre leurre lorsque les effets se font attendre. Son mouvement sinueux pourrait bien provoquer les «gueules fines» jusqu'alors indifférentes à vos offrandes.

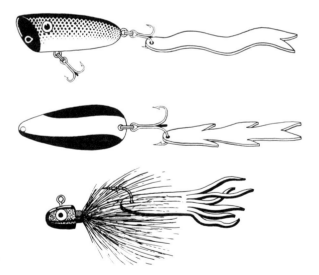

Mouchetée et poisson-nageur

Si les petites truites mouchetées se nourrissent surtout d'insectes, les plus grosses, elles, n'hésitent pas à s'en prendre à des petits poissons et même à des plus petites truites qu'elles!

Quand vous savez la présence de belles truites dans un plan d'eau, il vaudrait peut-être la peine de troquer votre «Bob-It» pour un poisson-nageur de type Rapala. La mouchetée est beaucoup plus agressive et carnivore qu'on ne le croit générale-ment: pourquoi ne pas exploiter ces caractères.

La pêche au «bouchon»

Vous avez sûrement déjà vu et peut-être même déjà utilisé ces espèces de flotteurs en plastique rouge et blanc pour la pêche au coup. Plusieurs les appellent «flottes» ou «bouchons». Quoique certains les emploient pour la barbote avec un grand bambou, on s'en sert aussi pour la ouananiche au lac Saint-Jean ou même pour le brochet. On prend des vers mais surtout de ménés pour ce genre de pêche. Lorsque le «bouchon» cale, c'est le temps de ferrer!

Flotteur

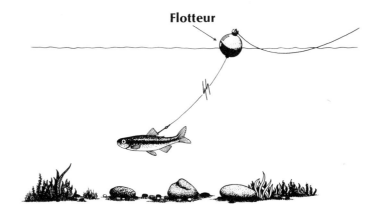

Le «surf rig»

Si vous pêchez à l'appât vivant en rivière avec deux hameçons, voici une bonne façon d'éviter les emmêlages tout en ayant des chances sur deux poissons différents.

Il s'agit de monter deux hameçons munis d'un bas-de-ligne à un émérillon triple. Au préalable, prenez soin d'enfiler à un «surf rig» commercial ou à un morceau de liège, un des deux bas-de-ligne afin d'éloigner ce dernier de la ligne principale en le soulevant du fond. Le montage comprend aussi un plomb cloche pour tenir le tout près du fond.

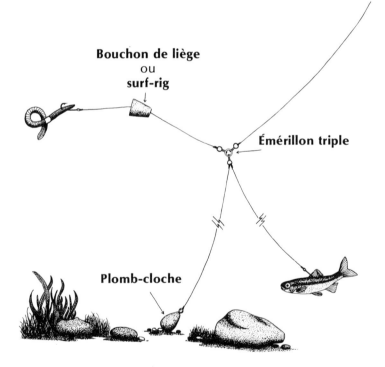

Bouchon de liège
ou
surf-rig

Émérillon triple

Plomb-cloche

Élastique et hameçon

Si vos vers ont tendance à sortir de votre hameçon lorsque utilisés dans le courant ou si vous pêchez à l'appât vivant dans les herbes aquatiques, il existe un truc fort simple valable pour les deux situations. Il suffit tout bonnement de passer un élastique dans l'oeillet de votre hameçon pour l'y fixer puis d'accrocher l'autre extrémité sous l'ardillon et vous êtes en affaires!

Le devon près du fond

Même sans marcheur de fond, il est possible de pêcher près du fond avec un montage fort simple. Attachez à l'extrémité du monobrin, un émérillon triple sur lequel vous fixez un bas-de-ligne suivi d'un plomb cloche de ¼ à ½ once (7 à 14 gr). Ce dernier vous rendra un double service: sonder le fond et permettre de vous y rendre avec plus de facilité.

Attachez ensuite un bas-de-ligne de 30 pouces (75 cm) de longueur auquel vous fixerez votre leurre. Le leurre idéal avec ce type de montage est un devon ou un poisson-nageur flottant.

Quant au choix de couleur, tout dépend de la température. Dans des conditions normales, les devons argent-bleu ou argent-noir, par exemple, s'avèrent des plus efficaces durant les journées claires et les or-noir et or-orange fluorescent par temps plus sombre. Dans des eaux embrouillées, il est toutefois préférable de s'en tenir à ce dernier.

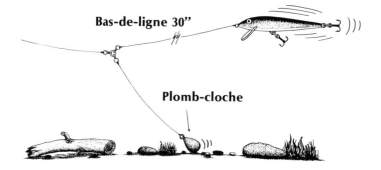

Bas-de-ligne 30"

Plomb-cloche

Températures préférentielles

Les poissons atteignent leur maximum d'activité lorsque la température de l'eau convient le mieux à leur métabolisme. Lors de la canicule, ils rechercheront, quand cela est possible, cette zone de confort. Voici pour les principales espèces de poisson sportif, leur température préférentielle respective.

Achigan à petite bouche:	59° à 67° F	(15° à 19° C)
Achigan à grande bouche:	60° à 80° F	(16° à 27° C)
Brochet du Nord:	60° à 75° F	(16° à 24° C)
Doré jaune ou noir:	55° à 70° F	(13° à 21° C)
Truite brune:	52° à 70° F	(11° à 21° C)
Truite arc-en-ciel:	50° à 68° F	(10° à 20° C)
Truite grise (touladi):	41° à 46° F	(5° à 8° C)
Truite mouchetée:	45° à 58° F	(7° à 14° C)
Ouananiche:	45° à 58° F	(7° à 13° C)

La thermocline, clef de la pêche en profondeur

Dans un lac profond, durant la canicule, on retrouve des strates ou zones de température distinctes s'étant formées avec le réchauffement des couches supérieures. Ce qui importe au pêcheur de salmonidés sur un grand plan d'eau est de trouver la thermocline, cette strate marquant une baisse brusque de température. La couche supérieure (épilimmion) est trop chaude pour y abriter des salmonidés, tandis que la couche inférieure (hypolimmion) est non seulement un peu trop froide mais surtout pauvre en oxygène et donc en nourriture. Voici un exemple de la localisation de la thermocline, phénomène étrange que tout pêcheur se doit de connaître.

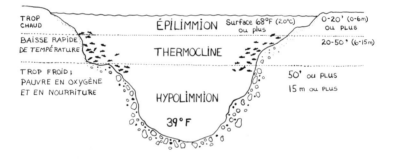

TROP CHAUD

BAISSE RAPIDE DE TEMPÉRATURE

TROP FROID; PAUVRE EN OXYGÈNE ET EN NOURRITURE

ÉPILIMMION

THERMOCLINE

HYPOLIMMION

39° F

Surface 68°F (20°C) ou plus

0-20' (0-6m) ou plus

20-50' (6-15m)

50' ou plus
15 m ou plus

Tous les secrets d'un lac sur une carte...

Les cartes hydrographiques peuvent vous en apprendre beaucoup sur la configuration d'un lac. On peut en effet y lire les profondeurs, et par le fait même le relief sous-marin tels les fosses, les bas-fonds, plateaux, pointes et îles cachées sous l'eau. On peut même y voir le type de fond dans quelques secteurs, car on indique souvent les récifs ou les baies herbeuses.

Sur certaines cartes, les profondeurs sont déterminées à intervalles réguliers par des points de sondage, alors que sur d'autres, ce sont des courbes dites bathymétriques. Celles-ci permettent de visualiser davantage la configuration d'un plan d'eau. Des courbes serrées les unes sur les autres marquent une dénivellation abrupte de profondeur alors que des courbes espacées sont le signe d'une pente douce. Ces cartes permettent aujourd'hui de découvrir plus rapidement les secret d'un plan d'eau, ce qui a souvent pris plusieurs années aux pêcheurs les plus chevronnés de l'endroit!

Note: Vous pouvez vous procurer gratuitement des cartes hydrographiques au Ministère de l'Environnement, 2345 Dalton, Sainte-Foy, QC (G1P 3S3).

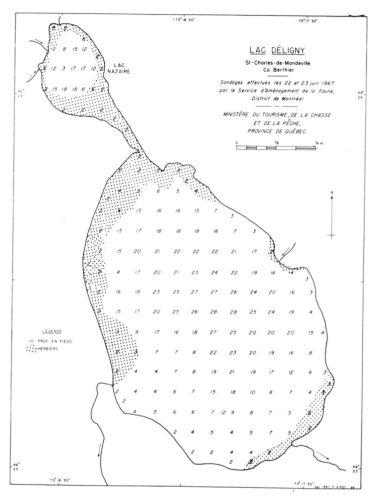

LAC DÉLIGNY

St-Charles-de-Mandeville
Co. Berthier

Sondages effectués les 22 et 23 juin 1967
par le Service d'Aménagement de la Faune,
District de Montréal

MINISTÈRE DU TOURISME, DE LA CHASSE
ET DE LA PÊCHE,
PROVINCE DE QUÉBEC

LÉGENDE

10 : PROF. EN PIEDS
HERBIERS

LAC NAZAIRE

LAC DÉLIGNY

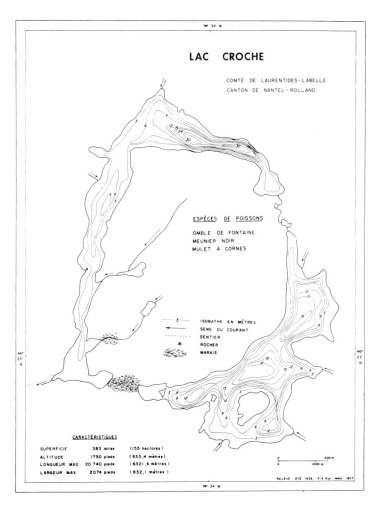

LAC CROCHE

Les mouches par catégories

La pêche à la mouche a tellement évolué au cours des dernières années qu'elle peut être considérée comme une spécialité. D'excellents ouvrages ont été publiés sur le sujet pour ne citer que ceux de Serge-J. Vincent et Jeannot Ruel. C'est pourquoi nous n'avons pas jugé bon de traiter ce sujet dans tous ses détails. De plus, ce livre se veut d'intérêt général. Les moins initiés pourront toutefois apprendre avec intérêt les catégories principales de mouches.

CATÉGORIES		QUELQUES CLASSIQUES
1- *Les sèches:*	présentées à la surface de l'eau.	Mouche de mai, Adams, Black Gnat, Quill Gordon, Hendrickson, Cahill, Royal Coachman, March Brown.
2- *Les noyées:*	utilisées sous l'eau, en profondeur ou près de la surface.	Silver Doctor, Yellow Sally, Royal Coachman, Quill Gordon, Dark Montreal, Professor, March Brown, McGinty.
3- *Les nymphes:*	récupérées habituellement près du fond.	Green Caddis, Stonefly, Hendrickson, Gray Nymph, Blue Quill, March Brown.
4- *Les streamers:*	récupérés sous l'eau ou à la surface. (souvent par gestes saccadés).	Magog Smelt, Gray Ghost, Mickey Finn, Muddler Minnow, Marabou, Black Nosed Dace.
5- *Les «bugs»:*	présentées surtout à la surface.	Cork-bodied Grasshopper, Green Grub, Brown Frog, Gray Mouse (et la sous-catégorie des poppers).

Savoir «lire» une rivière

Pour le pêcheur de truite ou d'achigan en rivière ou en ruisseau, il est important d'apprendre à «lire» le cours d'eau pour détecter les coins propices. Voici quelques exemples de cas typiques où ces prédateurs à l'affût aiment bien se dissimuler.

1- Sur la pointe aval d'un îlot
2- À l'embouchure d'un tributaire ou d'une source d'eau froide
3- Derrière l'extrémité d'une pointe s'avançant dans la rivière
4- Derrière une roche fendant le courant
5- Au pied d'une chute ou de toute dénivellation dans un rapide.

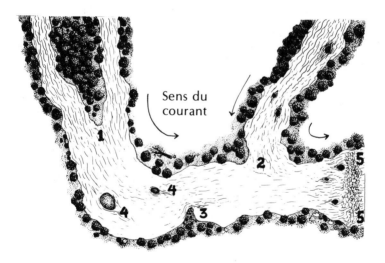

Sens du courant

Un bon coin en rivière

Il arrive que le courant mine la grève au point de faire des cavités sous celle-ci. Ces coins cachés sont souvent très productifs et demeurent la plupart du temps sous-exploités par le pêcheur de rivière. L'action circulaire du courant à ces endroits apporte de façon constante de la nourriture, alors que les prédateurs tels la mouchetée et l'achigan à petite bouche sont postés dans l'attente d'une nouvelle proie...

Le doré à la pleine lune

Le doré est un poisson lucifuge, ce qui veut dire qu'il fuit généralement la lumière intense et qu'il a appris à se nourrir dans des conditions de faible luminosité. Lorsque le doré se gave dans les eaux claires, il le fait habituellement le matin et le soir. Pendant la semaine de la montée de la pleine lune, les dorés tireront profit de ce «soleil de nuit» procurant une lumière plus que suffisante pour pratiquer leur prédation. Cette «lampe de poche» qu'ils n'ont pas besoin de tenir les accompagne au cours de leurs excursions sur les bancs de sable ou sur les pointes rocailleuses de même que dans les fosses d'assez grande dimension dans le cas d'une rivière.

À la faveur de ces soirs lumineux, la «manne jaune» se gave à satiété, tenant probablement pour acquis qu'ils sont presque les seuls à pouvoir se déplacer dans les ténèbres.

La brune au temps du frai

Au Québec, dans les zones A-I et G, il est permis de pêcher la truite brune à l'année. Il vous est donc possible de la pêcher au temps du frai, mais durant cette période, une approche particulière s'impose.

Pendant le frai, les brunes ne se concentrent pas, contrairement à d'autres espèces de salmonidés, de sorte qu'on retrouve sur le site du frai, seulement deux ou même un seul géniteur. Après avoir localisé une fosse propice, votre position et la direction de vos lancers doivent se faire en deux phases.

La première phase consiste à faire quelques lancers en récupérant de l'amont vers l'aval à une vitesse rapide, pour ne laisser aucun «mou» dans votre corde, mais avec des gestes saccadés. Ceci vous permet du même coup de provoquer ce gros mâle qui garde si jalousement ses quartiers, votre leurre se tenant quelques pieds au-dessus du fond.

La deuxième phase est plutôt propice pour la femelle. Il faudra par contre vous placer vis-à-vis du «haut» de la fosse et faire vos lancers dans le sens du courant en récupérant à une vitesse moyenne. Le leurre qui doit frôler le fond laisse croire à cette femelle qu'un intrus tente de manger ses oeufs. Si la deuxième phase s'avérait infructueuse (après une première fructueuse), c'est tout simplement que ce charmant galant n'avait pas trouvé la compagne de son choix.

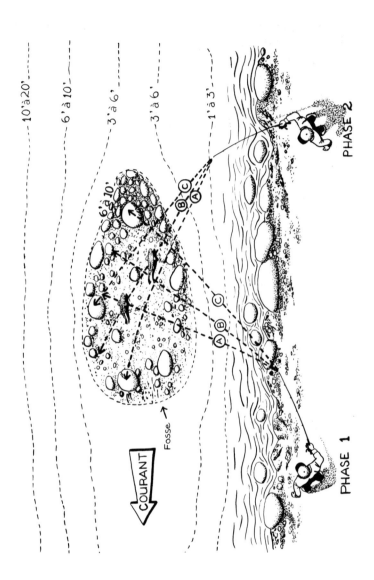

PHASE 2

PHASE 1

COURANT

Fosse →

10'à20'

6' à 10'

3' à 6'

3' à 6'

1' à 3'

6' à 10'

133

Leurre clair ou leurre sombre?

Le vieil adage qui dit «leurre clair par temps clair et leurre sombre par temps sombre» devrait être pris avec un grain de sel. En effet, lorsque les eaux sont brouillées par les crues printanières ou par le vent sur une grève sablonneuse, le principe ne peut s'appliquer. Il en est de même aussi pour tous les plans d'eau dont les eaux sont teintées à l'année, ce qui est le cas notamment du lac Saint-Jean ainsi que du fleuve Saint-Laurent et de plusieurs de ses tributaires. Même par un beau soleil, dans tous les cas précédemment mentionnés, mieux vaut utiliser des leurres aux couleurs claires et voyantes. Il en est bien sûr de même pour les mouches.

Pointes rocheuses et ouananiche

Les pointes rocheuses sont des coins de prédilection pour la ouananiche, particulièrement au tout début de la saison de pêche. Ces endroits attirent irrésistiblement le saumon d'eau douce qui se gave avidement de crevettes d'eau douce. Prospectez le pourtour de ces pointes à la traîne et faites-le dans les deux sens.

Si vous en capturez une, repassez au même endroit: comme les ouananiches se tiennent en banc, il est probable qu'il y en ait d'autres. Dans un tel cas, la plupart des pêcheurs continuent souvent tout droit, ce qui fait que leur première ouananiche de la journée est souvent leur dernière...

Pêche
blanche

La fameuse «baleine»

Idéale pour la pêche au doré et même pour la truite grise à cause de sa grande sensibilité, la «baleine» surpasse de loin la brimbale convention-nelle. Comme son nom l'indique, elle est consti-tuée d'une *baleine* de parapluie d'environ 26 pouces (66 cm) de longueur, à laquelle est fixé un rouleau de fil rempli de monobrin.

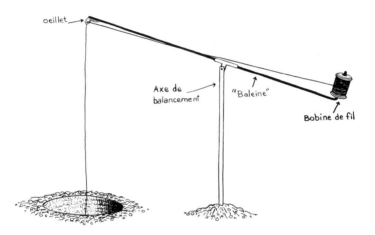

Pour bloquer le fil, il suffit de faire un tour avec le monobrin autour du petit oeillet placé à l'extré-mité pour servir de guide. Perpendiculairement à un axe de balancement et reliée à celui-ci par une ferrure, la baleine, par son extrême sensibilité constitue une «arme» remarquable pour les préda-teurs discrets...

Un grément spécial pour gros brochets

Pour le brochet, et particulièrement pour les gros, vous pouvez vous fabriquer un grément à l'aide d'une baguette de billard et d'un moulinet à lancer lourd bon marché. Il suffit de dénicher quelques baguettes hors d'usage à une salle de billard et de les couper à 28 pouces (71 cm) de long environ. Sur le manche original, montez-y un petit moulinet avec des collets ou vissez-le directement. Pour ce qui est du fil, n'importe lequel peut faire l'affaire, qu'il s'agisse de monobrin, de corde tressée ou de nylon à la condition que celui-ci ait un bon 50 livres (22,7 kg) de résistance.

Un montage spécial est de mise, lequel est relié à la ligne principale par un émérillon. Ce montage est constitué de très gros hameçons (N°s 4/0 à 6/0), lesquels sont montés sur un bas-de-ligne attaché à un émérillon à agrafe, de sorte qu'on peut facilement les changer si un gros brochet les a tordus au point de les rendre hors d'usage. Un gros plomb-cloche se trouve à l'extrémité de la ligne, un émérillon (avec hameçon et bas-de-ligne) à 8 pouces (20 cm) de là, et un autre à 12 pouces (30 cm) de ce dernier.

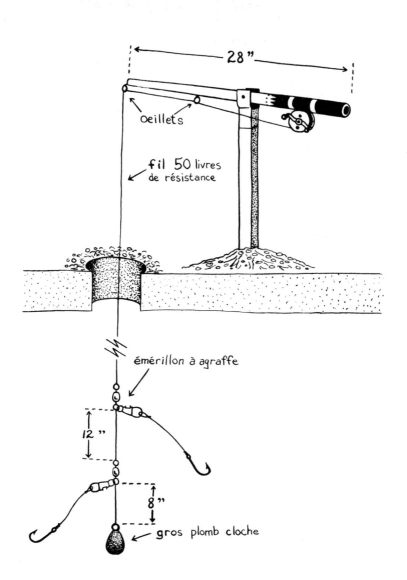

28 "

oeillets

fil 50 livres
de résistance

émérillon à agraffe

12 "

8 "

gros plomb cloche

Un bon montage
pour la perchaude

Voici un montage particulièrement effectif pour la pêche hivernale de la perchaude, lequel doit être utilisé avec une brimbale dont la bobine rectangulaire mesure 6 pouces (15 cm) de long. Placez un plomb fendu caoutchouté sur votre ligne puis, 12 pouces (30 cm) plus bas, un hameçon 1/0 garni d'un petit méné de 2 pouces (5 cm) de longueur. Descendez le plomb jusqu'au fond et puis remontez-le en enroulant la ligne de deux tours sur la bobine (4 x 6 po = 24 po) (4 x 15 cm = 60 cm). Vous présentez ainsi votre méné à quelque 12 pouces (30 cm) du fond, lequel nage assez librement et, dans ses efforts pour se déprendre, attire facilement l'attention des perchaudes du voisinage. La brimbale doit toutefois être un peu serrée sur le poteau de soutien, ceci pour éviter que la pointe baisse à cause du plomb.

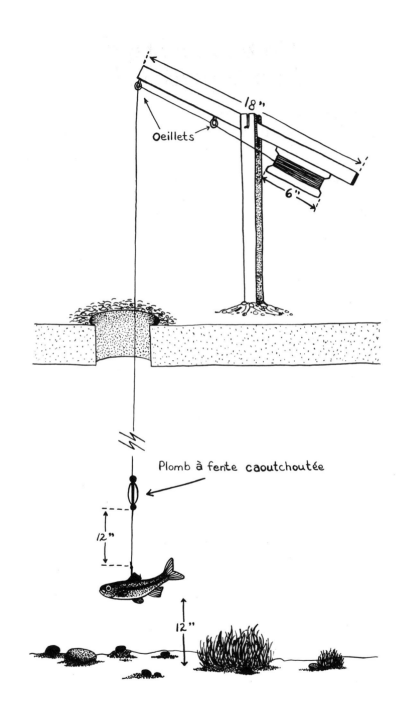

Oeillets

18"

6"

Plomb à fente caoutchoutée

12"

12"

143

Un ensemble spécial pour le doré

Très peu connu des pêcheurs et pourtant très efficace, il existe un ensemble constitué d'une brimbale et d'un bas-de-ligne, lesquels, utilisés conjointement, sont d'une efficacité remarquable.

La brimbale est constituée d'un morceau de bois de 20 pouces (51 cm) de long par un pouce de large, au bout duquel se trouve un oeillet. Sur la pièce principale est montée une petite pièce de

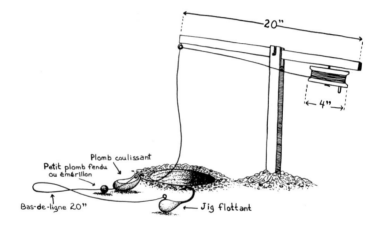

bois de quatre pouces (10 cm) de long suffisamment encavée pour recevoir votre monobrin. Cette pièce tourne librement grâce à une tige de métal fixée au centre, afin que ces dorés futés ne ressentent aucune résistance.

La brimbale ne serait pas fonctionnelle sans un bas-de-ligne approprié. Celui-ci est constitué d'un plomb coulissant, dans lequel le fil passe librement, et d'un petit plomb fendu ou d'un émérillon juste assez gros pour le bloquer. Laissez environ 20 pouces (51 cm) de fil, puis attachez à l'extrémité un petit jig flottant sur lequel vous piquez votre méné.

Leurres pour la dandinette

Pour pêcher à la dandinette, il existe plus de leurres que les pêcheurs ne le croient, tels que les jigs, spinnerbaits, certaines cuillers ondulantes et poissons à «jigger». Pour les deux premiers, à peu près les mêmes que pour la pêche en eau libre font

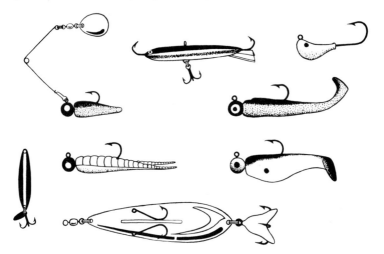

l'affaire. Pour les cuillers, certaines sont conçues spécialement pour la pêche sous la glace dont l'une des plus connues est certes la Swedish Pimple. Quant aux imitations de poissons-appâts, il y a sur le marché le «jigging Rapala», conçu strictement pour la pêche blanche.

Un bon bas-de-ligne pour le doré

Le doré étant un poisson qui mord délicatement, les brimbales légères et très bien équilibrées s'avèrent excellentes. Le bas-de-ligne n'en demeure pas moins aussi important. L'un des meilleurs que vous puissiez utiliser est celui que l'on nomme curieusement «grément à achigan», lequel se vend déjà monté.

Il s'agit d'un monobrin se terminant à une extrémité par un petit émérillon et à l'autre par une petite agrafe. Un ressort recouvre complètement deux fils métalliques perpendiculaires à la ligne, sur chacun desquels est monté un hameçon. Ce système fort ingénieux permet aux vifs piqués aux hameçons de faire une rotation de 360 degrés autour du monobrin sans s'emmêler. La liberté de mouvement des appâts rend donc cette présentation des plus attrayantes.

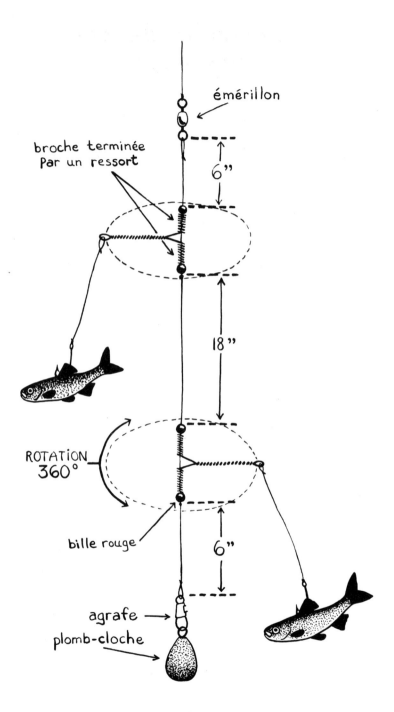

émérillon

broche terminée
par un ressort

6"

18"

ROTATION
360°

bille rouge

6"

agrafe

plomb-cloche

Perceuse manuelle ou mécanique?

Au début de la saison de pêche blanche, alors que la glace est à peu près transparente, il est plus souvent qu'autrement préférable d'utiliser une perceuse manuelle au lieu d'une perceuse mécanique. En effet, les bruits et vibrations peuvent déranger les poissons de nature méfiante tel le doré. Tant que la glace n'atteindra pas une certaine épaisseur pour rendre le travail trop laborieux, mieux vaut en rester à la perceuse manuelle. Une approche silencieuse est toujours préférable quand la chose est possible.

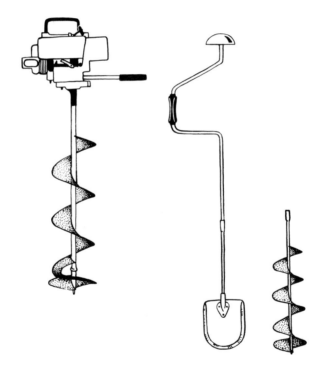

Table
des matières

Index

Remerciements

Nous tenons à exprimer notre gratitude à M. Serge Parent, biologiste de l'Aquarium de Montréal, ainsi que MM. Jean Leclerc et Jacques Bergeron, du Service de l'exploitation et de l'aménagement de la faune de Montréal (ministère du Loisir de la Chasse et de la Pêche), respectivement technicien de la faune et biologiste pour nous avoir donné leur avis technique sur ce bouquin.

Achevé d'imprimer
en mars mil neuf cent quatre-vingt-trois
sur les presses de l'Imprimerie Gagné Ltée
Louiseville - Montréal.
Imprimé au Canada